Kenneth S. Leong

Anleitung zum Glücklichsein

Kenneth S. Leong

Anleitung zum Glücklichsein

100 Zen-Geschichten für das neue Jahrtausend

Aus dem Amerikanischen von Renate FitzRoy

HERDER

FREIBURG · BASEL · WIEN

Gedruckt auf umweltfreundlichem,
chlorfrei gebleichtem Papier

Originalausgabe

www.herder.de
Herstellung: fgb freiburger graphische betriebe 2006
www.fgb.de
Umschlaggestaltung und Konzeption:
R·M·E München / Roland Eschlbeck, Liana Tuchel
Cover: © Gettyimages
ISBN-10: 3-451-07053-7
ISBN-13: 978-3-451-07053-2

Inhalt

Vorwort

Als Zen-Lehrer hat man es manchmal nicht leicht, und mir sind in meiner Laufbahn viele knifflige Fragen gestellt worden. Besonders viel Kopfzerbrechen macht die Frage: Wie lehrt man Zen?

Ginge es um ein anderes Thema, so ließe sich eine solche Frage ohne Weiteres beantworten. In der Zen-Tradition jedoch wird vielfach die Ansicht vertreten, Zen könne nicht gelehrt werden wie etwa Literatur, Naturwissenschaften oder andere wissenschaftliche Fächer. Dies geht sogar so weit, dass die Ansicht fest verwurzelt ist, Zen ließe sich überhaupt nicht mit Worten lehren. Es gibt den Zen-Spruch, der besagt, dass man, sobald man den Mund öffne, nur Falsches sagen könne.

Diese Ansicht entbehrt nicht einer historischen Grundlage, doch führt ein solches Denken dazu, dass sehr viel in den Zen hineingelesen und damit Verwirrung gestiftet wird. Das kann ihm nur abträglich sein.

Diejenigen, die die Auffassung vertreten, Zen könne nicht mit Worten gelehrt werden, sollten sich vielleicht einmal das berühmte Epimenides-Paradox anschauen, auch als Lügner-Paradox bekannt. Epimenides war ein Philosoph, der im 6.Jahrhundert v.Chr. auf Kreta lebte. Er soll gesagt haben: „Alle Kreter lügen." Hat er damit die Wahrheit gesprochen oder nicht?

Ebenso kann man fragen: „Wenn die Behauptung, Zen könne nicht mit Worten gelehrt werden, stimmt, kann uns dann diese Behauptung selbst etwas über Zen lehren?" Eine solche Bezugnahme auf sich selbst gehört zu den kniffligsten Problemen der Philosophie und der Logik.

Ich selbst bin der Ansicht, dass Zen ebenso wie alles andere durch Worte gelehrt werden kann. Dabei muss man selbstverständlich ehrlich genug sein, die Grenzen der Sprache bei der Vermittlung von Bedeutung anzuerkennen. Es existiert jedoch eine umfangreiche Zen-Literatur – Geschichten, Anekdoten, Koans (Rätsel und Denksportaufgaben), Mondos (Fragen und Antworten) und vieles andere mehr. Meister Shengyen, ein angesehener Zen-Lehrer, hat einmal gesagt, dass, verglichen mit anderen buddhistischen Strömungen, die Zen-Anhänger besonders redselig und weitschweifig seien!

In dieser Sammlung von Zen-Geschichten

will ich die dem Zen zugrundeliegenden Prinzipien durch Erzählungen erläutern. Solche Erzählungen sind vielleicht die einfachste Art, das Wesen des Zen der großen Mehrheit der Leser nahezubringen, die ja heutzutage oft wenig Zeit mitbringen.

Das Erzählen von Geschichten hat als Mittel der spirituellen Unterweisung Tradition. Seine besondere Stärke liegt in der Indirektheit. Hier wird nicht gepredigt oder moralisiert. Stattdessen wird in den Geschichten auf menschliche Erfahrung zurückgegriffen. Die Geschichten können erlebt oder ausgedacht sein.

Diesen Winter läuft in den großen Kinos der Film *Die Chroniken von Narnia*, der auf dem Roman von C.S. Lewis *Der König von Narnia* beruht. Im Grunde wird hier die biblische Geschichte als Märchen für Kinder neu erzählt. Manche Kritiker wundern sich, warum der neue Film ein solcher Erfolg geworden ist. Ob es vielleicht daran liegt, dass die Geschichte als Fantasy-Abenteuer daherkommt und nicht als das Wort Gottes, das wir unbedingt annehmen müssen?

Zwischen Geschichtenerzählen und Predigen besteht ein großer Unterschied. Das Schöne am Geschichtenerzählen ist, dass der Erzähler seinen Hörern nicht vorschreibt, wie die Geschichte zu verstehen ist. Vielmehr wird der Hörer aufgefordert, seine eigenen Schlüsse und Lehren zu ziehen. Nicht die Stimme ist es, die der Erzählung gebietet: Es ist das Ohr (Italo Calvino). Soll die Geschichte für den Hörer Bedeutung gewinnen, muss er selbst diese Bedeutung aus seiner eigenen Erfahrung beisteuern. So können verschiedene Menschen aus derselben Geschichte unterschiedliche Schlüsse ziehen. In dieser Möglichkeit sehe ich die große Stärke des Geschichtenerzählens, denn es wird eine persönliche Botschaft weitergetragen.

Da Geschichtenerzähler in der Regel indirekt vorgehen, muss große Literatur immer auch dechiffriert werden, will man sie genießen. Der Leser muss selbst die verborgenen Metaphern, Symbole und durchgängigen Motive herausarbeiten. Viele Menschen denken bei Zen-Geschichten sofort an Koans. Das bekannteste Koan ist wohl „Welches Geräusch macht eine einzige Hand beim Klatschen?“, und so mancher Leser hat schon einige Zeit damit verbracht, dies herauszufinden. Diese Koans sind von geradezu bodenloser Tiefe und es kommt durchaus vor, dass ein Schüler einen Tag, einen Monat oder ein Jahr darüber meditiert, ohne eine befriedigende Antwort zu erhalten.

Ich bin mir sicher, die Deutung von Koans kann ungeheuer frustrierend sein und einen regelrecht zur Raserei bringen. Alan Watts ging sogar so weit, zu glauben, dass es der Zweck der Koans sei, zu frustrieren. Die Krux liegt darin, dass viele Menschen mit Koans umgehen, als handle es sich um Kopfnüsse, die sich rational knacken ließen. Sie glauben, sobald sie das Rätsel gelöst hätten, würden sie erleuchtet. Da befinden sie sich aber gründlich auf dem Holzweg. Erleuchtung kommt nicht durch geistige Gymnastik zustande, sondern durch das unmittelbare Erkennen des Wesens der Dinge. Grübeln und Nachdenken helfen hier nicht weiter.

In diesem Buch arbeite ich weiterhin daran, Zen zu entmystifizieren und einem breiteren Publikum zu erschließen. Wie ich schon in meinem vorangegangenen Buch *Jesus – der Zenlehrer* gesagt habe, sind die dem Zen zugrundeliegenden Prinzipien eigentlich ganz einfach. Dass es der Zen-Gemeinde dennoch gelungen ist, etwas ganz Einfaches in etwas ganz Kompliziertes zu verwandeln, kann als Beleg dafür gesehen werden, wie der menschliche Verstand arbeitet. Aus dem Einfachen kann das Ich keine Befriedigung ziehen.

Es geht mir auch darum, den wahren Geist des Zen wiederzubeleben, wie er sich bei Hui Neng, dem sechsten Patriarchen der chinesischen Zen-Tradition findet. Für Hui Neng geht es bei der Zen-Praxis nicht darum, ein spiritueller Übermensch zu werden, sondern darum, alltäglich zu werden. Es gibt auch den Zen-Spruch, der Geist des Zen sei der Geist des Alltäglichen. Zen wird allzu oft als ichbezogenes Interpretieren von Koans verstanden und ist zu einer Art geistigem Turnier verkommen, in dem es darum geht, dass ein Praktizierender eine Antwort parat hat, die alle anderen schlägt. Das ist Zen im Niedergang!

Um dieser Versuchung aus dem Weg zu gehen, werde ich mich in diesem Buch nicht auf Koans konzentrieren. Stattdessen wird der Leser konkrete Beispiele für die zehn Elemente des Zen finden, die ich in meinem vorigen Buch besprochen habe – Gegenwart, Magie des Alltags, Lebensfreude, Tiefblick, Wu-wei (schöpferische Ruhe), Sanftmut, Freiheit, Schlichtheit, Paradoxes und den Blick nach Innen.

Ehe wir anfangen, möchte ich aber noch

klären, was ich unter Zen verstehe. Wie ich schon sagte, glauben viele Menschen, dass man über Zen nicht sprechen kann, geschweige denn ihn erklären. Für sie ist Zen eine Form östlicher Mystik. Mein Ausgangspunkt ist ein völlig anderer, denn mir erscheint Zen weder mystisch noch metaphysisch, sondern etwas Praktisches – die Kunst des Lebens. Wie kann man ein Leben voller Freude und Schönheit führen? Diese Frage sucht Zen zu beantworten. Ich möchte auch hervorheben, dass Zen nicht, wie viele zu glauben scheinen, nur von Asien hervorgebracht werden konnte, sondern im Wesentlichen die Grenzen der Kulturen, Nationen und Religionen überschreitet. Zen findet sich in jeder Kultur, in jedem Volk und in jeder Religion. R.H. Blyth, einer der ganz Großen im Zen der Gegenwart, hat gesagt, Zen sei die Essenz des Christentums, des Buddhismus, der Kultur und all dessen, was im Alltag der gewöhnlichen Menschen gut ist. Zen ist also nichts für Eliten und Sekten. Die Lehre Jesu Christi beispielsweise steckt voller Zen-Weisheit.

Die Geschichten in diesem Buch stammen aus vielerlei Quellen. Einige sind ganz alte Zen-Geschichten. Andere werden von

Zen-Meistern unserer Zeit erzählt und wieder andere sind persönliche Erlebnisse von mir oder anderen Zen-Lehrern. Manche sind Tatsachenberichte, andere sind erdacht. Bei dem Material, das wir heranziehen, sind uns keine Grenzen gesetzt. Wahrheit im Sinne von Zen lässt sich überall finden, wenn man sie nur finden will. So wird der Leser feststellen, dass ich mich von den Massenmedien habe inspirieren lassen. Eine Geschichte entstammt der beliebten Fernsehserie *The Twilight Zone*, eine andere dem Bestseller *Per Anhalter durch die Galaxis*.

Die Geschichten, die ich für diese Sammlung ausgewählt habe, mussten ein ganz einfaches Kriterium erfüllen: Es mussten Geschichten sein, die dem modernen Menschen das Wesentliche am Zen am besten verdeutlichen. Kryptische und abstruse Geschichten habe ich verworfen. Ich habe auch vorzugsweise Material mit einem aktuellen Bezug verwendet. Ich halte mich auch so weit wie möglich an die moderne Sprache, an zeitgemäße Themen und verwende einen alltäglichen, weltlichen Hintergrund. So kommt denn auch der Titel des Buches zustande: Hundert Zen-Geschichten für das neue Jahrtausend.

Die meisten dieser Geschichten sind kurz und leicht zu lesen, aber ich rate dem Leser trotzdem, jede Geschichte langsam zu lesen und sich nicht mehr als zwei Geschichten täglich vorzunehmen. Keine Eile! Um von diesen Geschichten etwas zu haben, muss man ihnen Raum geben, über sie meditieren. Der Leser soll aktiv am Prozess teilnehmen und sich drei Fragen stellen: Wie kann man die Geschichte noch deuten? Wie kann ich sie auf mich anwenden? Welche Verbindung kann ich von der Geschichte zu meiner Lebenserfahrung herstellen? Mit anderen Worten, diese Geschichten bekommen nur Bedeutung, wenn Sie als Leser sie sich auch aneignen.

Ich hoffe, dass Sie aus diesem Buch zumindest die Erkenntnis mitnehmen, dass man überall Wahrheit finden kann. Diese Geschichten können alle als Beispiel dafür dienen, wie sich Wahrheit im unspektakulärsten Alltag finden lässt.

Zen und das Glück

Das Geheimnis des Glücklichseins

Einen Zen-Lehrer, begeisterter Anhänger von Mythen und Sagen, bat ein Schüler, das Wesen des Zen an einem griechischen Mythos zu erläutern. Der Lehrer erzählte folgende Geschichte:

> *„Vor langer Zeit waren die Götter besorgt über den raschen Fortschritt der Menschheit. Die Menschen hatten schon den Gebrauch des Feuers und verschiedene Heilmethoden entdeckt und die Schrift erfunden. Nur eines fehlte ihnen noch – sie hatten noch nicht das Geheimnis des Glücklichseins entdeckt. Nun berieten sich die Götter miteinander, wie sie dieses Geheimnis am besten verbergen könnten. ‚Verbergen wir es auf dem höchsten Gipfel der Berge', schlug einer vor. ‚Nein, versenken wir es auf den Grund des Meeres', meinte ein anderer. Ein dritter Gott kam und fragte: ‚Wie wäre es mit einem fernen Stern? Da müssten sie lange suchen.' Schließlich stieß der klügste der Götter zu ihnen: ‚Ich weiß, wo man es verstecken muss, dass sie es nicht finden – tief in ihren Herzen!'"*

Sofortige Belohnung

Ein Zen-Meister und ein Buddhist der Alten Schule führten ein Streitgespräch.

„Was mir am Zen nicht gefällt", sagte der Anhänger der Alten Schule, „ist die Betonung des Lebens im Augenblick. Wodurch unterscheidet sich diese Haltung des Zen von der eines Hedonisten, der nach der unmittelbaren Befriedigung seiner Bedürfnisse verlangt?"

„Ich sehe nichts Schlechtes in einer unmittelbaren Befriedigung der Bedürfnisse", antwortete der Zen-Meister. „Diejenigen, die es im Leben nach verschiedenen Dingen gelüstet, sind meist nicht die, die im Augenblick leben und den Augenblick genießen können. Sie können nie mit dem zufrieden sein, was sie haben, weil sie schon wieder nach etwas anderem gieren."

„Lehren aber nicht alle großen Religionen, dass es zwei Welten gibt – die hiesige und die jenseitige?", fuhr der Traditionalist fort. „Unsere Vorfahren sahen dies Erdenleben als kurz und eintönig an und erhofften Besseres im nächsten Leben. Unsere Generation dagegen strebt danach, Glück im Hier und Jetzt zu finden. Liegt darin nicht die

Hauptursache, warum die Menschen heute so unglücklich sind?"

„Das spirituelle Leben hängt nicht davon ab, ob wir an ein Leben nach dem Tod glauben", sagte der Zen-Meister. „In einem haben Sie allerdings recht – die Suche nach dem Glück kann tatsächlich zum Unglücklichsein führen, denn sie lenkt die Menschen davon ab, dass wahre Glückseligkeit aus dem Inneren kommt."

Es fehlt nichts

Beim ersten Treffen eines Zen-Schülers mit seinem Meister fragte dieser: „Ich habe gehört, dass du einige Zeit in Chou Chi, einer Hochburg der Zen-Gelehrsamkeit, verbracht hast. Was hast du dorthin mitgenommen?“

„Als ich dorthin ging, hatte ich im Grunde schon alles“, antwortete der Schüler.

Da fragte der Meister: „Wenn dem so ist – warum bist du dann dorthin gegangen?“

Der Schüler entgegnete: „Wäre ich nicht hingegangen, so wüsste ich jetzt nicht, dass mir nichts fehlt.“

Der Meister nickte zustimmend.

Der Sinn des Lebens

Ein Schüler war auf der Suche nach dem Sinn des Lebens und ging zu einem Zen-Meister. Er fragte ihn: „Welchen Sinn hat das Leben?"

Der Meister gab keine Antwort und es entstand ein beredtes Schweigen. Der Schüler brummte vor sich hin: „So ein alter Narr! Und ich glaubte, ein Mann mit seinem Ruf wüsste etwas darüber. Da habe ich mich wohl getäuscht."

Nachdem er gegangen war, fragten die Schüler des Meisters, warum er denn nicht auf eine so wichtige Frage geantwortet habe.

Der Meister sagte: „Diejenigen, die ständig nach dem Sinn des Lebens fragen, sind meist die, die mit dem was sie haben, unzufrieden sind. Selbst wenn ich ihm geantwortet hätte, hätte er nichts davon gehabt, denn er hätte meiner Antwort doch nicht getraut. Wozu fragt man überhaupt nach dem Sinn des Lebens? Im Frühjahr blühen die Blumen, im Sommer kühlt uns eine leichte Brise, im Herbst leuchtet der Mond und im Winter liegt der weiße Schnee. Reicht das nicht, um das Herz zu erfreuen?"

Warum der chinesische Buddha so dick ist

Viele Menschen im Westen rätseln, warum der Buddha in volkstümlichen Darstellungen oft ein breites Lächeln über einem gewaltigen Bauch zeigt. Eines Tages aß eine Gruppe Zen-Schüler mit ihrem Lehrer in einem Chinarestaurant zu Mittag. Am Eingang grüßte sie eine solche Buddhastatue.

„Warum wird der chinesische Buddha immer mit einem so gewaltigen Bauch dargestellt?“, wollte ein neugieriger Schüler wissen.

Der Lehrer musste lachen und gab dann die folgende Erklärung: „In früheren Zeiten, als viele Menschen hungerten, galt es als himmlisches Geschenk, dick zu sein. Außerdem steckt in dem dicken Bauch buddhistische Weisheit. Vor einigen Jahren fand ich bei einem Aufenthalt auf dem Land diese zwei Gedichtzeilen vor einem Altar Buddhas:

Der Bauch ist dick, denn er enthält alles, was die Welt nicht verträgt.

Der Mund lächelt, denn er lächelt allen lächerlichen, engherzigen Menschen zu.

Der dicke Buddha soll also denen eine Hilfe sein, die in einer Welt des Elends glücklich sein wollen."

Krebs als Zen-Lehrer

Einer fünfzigjährigen Frau wurde die Brust auf beiden Seiten amputiert. Sie fasst ihre Begegnung mit dem Tode in folgende Worte:

„Erst als ich Krebs bekam, wurde mir bewusst, wie kostbar jeder Atemzug, jeder Gedanke ist. Erst da begriff ich, dass alles im gegenwärtigen Augenblick liegt. Was mir die Lehrer vermitteln konnten, waren nicht mehr als Gedanken. Jetzt aber spürte ich plötzlich mein Leben unmittelbar. Der Krebs machte mir klar, dass es an mir liegt, ob ich vor meinem Tod noch zu leben beginne.“

Das Wunder der Hoffnungslosigkeit

Ein Zen-Schüler ist eine junge Führungskraft in einem multinationalen Konzern. Trotz seiner dreißig Jahre hat er schon viel erreicht. Eines Tages fragte er seinen Lehrer: „Wie kommt es nur, dass ich nicht glücklich bin? Dabei beneiden mich die meisten Menschen um meinen Erfolg. Worin liegt das Geheimnis des Glücks?"

Der Lehrer antwortete: „Du bist unglücklich, weil du voller hoher Erwartungen steckst. Wenn du wirklich glücklich sein willst, musst du dich von diesen Erwartungen verabschieden. Hoffnungslosigkeit kann bei dir einiges bewirken."

Nicht mit Worten

Ein Zen-Schüler fragte seinen Lehrer: „Ich habe oft gehört, dass man Zen nicht mit Worten lehren kann. Warum haltet Ihr dann Zen-Vorträge und schreibt Zen-Bücher?"

Sein Lehrer antwortete: „Wenn ich dir sage, dass sich Zen nicht mit Worten begreifen lässt, dann gebrauche ich doch Worte, oder?"

Darauf wusste der Schüler nichts zu sagen.

„Für diejenigen, die süchtig nach Büchern und Vorträgen sind", fuhr der Lehrer fort, „können Worte tatsächlich eine Ablenkung sein. Du musst aufhören, außerhalb nach Weisheit zu suchen. Achte auf dein Verhalten, deine Gefühle und Gedanken von Augenblick zu Augenblick. Dann findest du vielleicht die Quelle von Glück und Unglück."

Streben nach Glück

Eines Tages kam ein Mensch, der auf der Suche war, zu einem Zen-Meister.

„Ich suche schon seit Jahren nach dem Geheimnis des Glücks“, erzählte er dem Meister. „Ich war schon in vielen Weltgegenden und bin verschiedenen Meistern gefolgt, ohne es zu finden. Könnt Ihr mir weiterhelfen?“

Der Meister entgegnete: „Sag mir doch einmal – wodurch unterscheidet sich das Glück, das du suchst, von Vergnügen?“

„Ich habe gehört, dass das Glück der Spiritualität länger anhält als das bloße Vergnügen“, erklärte der Besucher.

„Aha“, sagte der Meister. „Du bist also auf der Suche nach fortwährendem Glück. Willst du aber nicht erst den Menschen verstehen, der auf der Suche nach diesem Glück ist? Weißt du, was in ihm vorgeht?“

Der Suchende war sprachlos.

„Jeder Mensch strebt nach Glück“, fuhr der Meister fort, „aber am wenigsten streben sie danach, sich selbst kennen zu lernen. Wenn du dich selbst gefunden hast, folgt das Glück von allein.“

Im Augenblick leben

Ein Zen-Schüler hatte gelesen, dass zur Zeit des Buddha seine Schüler für ihr fröhliches, strahlendes Wesen bekannt waren. „Woran lag das wohl?“, fragte der Schüler seinen Lehrer.

„Das lag daran, dass sie in der Gegenwart lebten“, entgegnete der Lehrer. „Sie hielten sich nicht an der Vergangenheit fest und sehnten sich nicht nach der Zukunft.“

„Warum soll ich mich nicht an der Vergangenheit festhalten?“, fragte der Student. „Sie ist doch voll schöner Erinnerungen, die sich festzuhalten lohnen.“

Der Lehrer antwortete: „Sich an schöne Dinge in der Vergangenheit zu erinnern, ist sicher nicht falsch, solange diese Erinnerungen die Menschen nicht hindern, in der Gegenwart zu leben. Sowohl die Vergangenheit als auch die Zukunft haben ihre Berechtigung. Man kann aus der Vergangenheit lernen und Pläne für die Zukunft machen. Wer aber mit Bedauern auf die Vergangenheit und mit Sorge in die Zukunft schaut, hat nichts davon, denn nur in der Gegenwart kann man handeln.“

Beziehungskrisen

Eine Zen-Schülerin fragte wegen der Schwierigkeiten, die sie in Partnerschaften erlebte, ihren Lehrer um Rat: „Warum gehen all meine Liebesbeziehungen den Bach hinunter?"

Der Lehrer entgegnete: „Stimmt das? Was stellst du dir denn unter einer ‚guten' Beziehung vor? Wenn du von einer Beziehung erwartest, dass sie ständig dein Ich zufrieden stellt, kannst du's vergessen. Das funktioniert nämlich nicht."

„Was sollte ich denn dann von einer Beziehung erwarten?", wollte die Schülerin wissen.

Der Lehrer riet ihr: „Betrachte jede Beziehung als spirituelle Übung und als Spiegel deiner selbst. Beobachte, wie dein Ich dich glücklich oder unglücklich macht. Vielleicht gelingt es dir dabei, glücklich zu werden."

Der Osten und der Westen

Zu einem Zen-Meister, der auch die Unterschiede der Kulturen erforschte, kam eines Tages ein Besucher und wollte von ihm wissen: „Wie kommt es, dass die Menschen im Westen trotz allem Reichtum immer noch unzufrieden sind? Und wie kommt es, dass viele Menschen im Osten trotz ihres niedrigen Lebensstandards zufrieden sind?“

„Das ist leicht zu beantworten“, sagte der Meister. „In den Augen des westlichen Menschen liegt das Glück im Bewältigen der äußeren Bedingungen und dem Beherrschen der Natur. Dies hat zu großen wissenschaftlichen und technischen Fortschritten geführt, aber es macht den Menschen nicht wirklich glücklich.“

„Inwiefern unterscheiden sich die Menschen im Osten?“, fragte der Besucher.

Der Meister erwiderte: „Für den Menschen im Osten liegt das Glück darin, sich seiner Umgebung anzupassen. Was ist leichter – sich selbst ändern oder die Welt ändern?“

Wahre Freiheit

Ein Zen-Lehrer erklärte, eines der wesentlichen Elemente des Zen sei die Freiheit. Nun wollte ein Schüler wissen: „In den USA haben wir viel Freiheit, und doch scheint sie uns nicht glücklicher zu machen. Mir scheint, Freiheit ohne Verantwortung ist das Kernproblem unserer Zeit."

Ein Lächeln huschte über das Gesicht des Lehrers: „Es gibt durchaus verschiedene Arten der Freiheit. Äußere Freiheit allein kann uns nicht glücklich machen, wenn sie nicht durch innere Freiheit ergänzt wird."

„Und was ist innere Freiheit?", fragte der Schüler.

„Freiheit von Gier, Zorn, Unwissenheit und dem Ich. Wer daran arbeitet, kann glücklich werden", lautete die Antwort.

Der Umgang mit dem Schmerz

Ein Zen-Lehrer bot einen Volkshochschulkurs zum Thema „Zen – die Kunst des Glücklichseins“ an und viele Studenten kamen. Darunter war auch eine alte Dame, deren Mann vor einigen Jahren gestorben war. Der Kummer über diesen Verlust bedrückte sie immer noch. „Meister, wie kann ich diesen Kummer überwinden?“, fragte sie.

Der Lehrer sah ihr in die Augen und sagte: „Zen bietet kein Allheilmittel, mit dem man den Schmerz los wird, aber er zeigt einen Weg, den Schmerz zum Freund statt zum Feind zu machen.“

Moderner Aberglaube

Ein berühmter Wirtschaftswissenschaftler traf mit einem Zen-Lehrer zusammen und erklärte ihm, dass man seiner Meinung nach für die Menschen eine bessere Zukunft schaffen könne, wenn man mit wirtschaftspolitischen Maßnahmen das Wachstum fördere. „Ökonomie ist eine methodische Wissenschaft, die ohne Religion und Metaphysik auskommt."

„Das ist ja interessant", meinte der Zen-Lehrer augenzwinkernd. „Und ich hätte gedacht, dass die Vorstellung, man könnte die Menschen glücklich machen, indem man ihr Bedürfnis nach materiellen Dingen und ständigem Konsum fördert, ins Reich des Aberglaubens gehört."

Zauberschüler

Ein Schüler eines Magiers traf auf einen Zen-Schüler und erzählte ihm voller Begeisterung von der Kunst, die er erlernte. Er berichtete dem Zen-Schüler von den übernatürlichen Kräften seines Meisters. „Stell dir nur vor“, sagte er zu seinem neuen Freund, „wenn ich meine Lehrzeit beendet habe, kann ich praktisch alles bekommen, was ich nur möchte!“

„Ach ja?“, meinte der Zen-Schüler und schien nicht sonderlich beeindruckt. Daraufhin wollte der Schüler des Magiers wissen, was denn der Meister des Zen-Schülers könne.

„Mein Meister hat keine übernatürlichen Kräfte“, sagte der Zen-Schüler, „und ich habe nicht gelernt, wie ich bekomme, was ich mir wünsche. Ich habe aber gelernt, mir das zu wünschen, was ich sowieso habe, und glücklich zu sein.“

Zen im Beruf

Der Zahnarzt in der Zwickmühle

Zwei alte Schulfreunde treffen sich nach zwanzig Jahren wieder. Der eine war Zen-Lehrer und Schriftsteller geworden, der andere ein wohlhabender Zahnarzt, der sich mit seiner schönen, eleganten Frau in Hongkongs besten Kreisen bewegte.

„Hast du nicht Lust, die Welt des Zen zu entdecken?", fragt der Zen-Lehrer. „Ich würde gern an dich weitergeben, was ich gelernt habe."

„Lust hätte ich schon", antwortet der Zahnarzt. „Ich fürchte nur, wenn ich einmal in die Welt des Zen eingetreten bin, verliere ich meinen ganzen Ehrgeiz."

„Im Zen hat man nichts gegen Ehrgeiz," sagt der Zen-Lehrer zu seinem Freund. „Nur das Glück lässt sich nicht finden, wenn man ständig auf der Jagd nach mehr ist."

Ein Todesgedicht

Nach der Niederlage seines Landes nahm ein Diplomat fern seiner Heimat an einer wichtigen internationalen Konferenz teil. Die lange und auf Einschüchterung bedachte Rede seines Gegenübers schien ihn wenig zu beeindrucken. Als er nun darauf antworten sollte, wandte er sich an seinen Dolmetscher und sagte: „Bitte übersetzen Sie das folgende Zen-Wort: ‚Der Wind rauscht durch den Bambus. Wenn er weiterzieht, ist auch das Rauschen aus dem Bambus verschwunden.'"

Der Dolmetscher war entsetzt – Zen-Sprüche werden nur höchst selten in der Diplomatie gebraucht. Kurz danach wurde der Diplomat als Kriegsverbrecher hingerichtet.

Hier ist das ursprüngliche Gedicht, aus dem der Diplomat zitierte:

Der Wind rauscht durch den Bambus.
Wenn er weiterzieht, ist auch das Rauschen
aus dem Bambus verschwunden.
Die Gänse überfliegen den Teich.
Wenn sie weiterziehen, ist auch ihr Schatten
aus dem Teich verschwunden.

Zen als Kunst des Investierens

Ein Zen-Lehrer war viele Jahre als Broker an der Wall Street tätig. Eines Tages hielt er einen Vortrag über Zen als Kunst des Investierens. Aus dem Publikum kam die Frage: „Wie lässt sich Zen überhaupt in der Welt des Geldes praktizieren? Schließen Geld und Spiritualität einander nicht aus?“

Der Lehrer antwortete: „Nicht unbedingt. Es ist allerdings ein häufiges Missverständnis. Man kann Zen zu jeder Zeit und an jedem Ort betreiben – in der Schule, am Arbeitsplatz oder an der Börse.“

„Und wie sieht die Zen-Praxis an der Börse aus?“, wollte der Mann wissen.

Der Zen-Lehrer antwortete: „Wenn Ihr Geld investiert, habt Acht auf eure Emotionen. Leiten euch Gier, Angst, Panik oder ähnliche Gefühle? Darauf zu achten, lässt euch nicht nur euer Geld besser inverstieren, sondern ihr lernt auch die Kunst zu leben.“

Die Zen-Lehrerin

Während meiner Lehrerausbildung hatte ich einmal die Gelegenheit, mit einer sehr erfahrenen Mathematiklehrerin zu sprechen.

„Welchen Rat können Sie einem frisch gebackenen Lehrer mit auf den Weg geben?“, fragte ich sie.

„Sie müssen wissen, dass es zwar viele gute Lehrmethoden gibt“, sagte sie, „aber nicht alle sind für Ihre Schüler geeignet und nicht alle sind für Sie als Lehrer geeignet.“

„Was kann ich dann tun?“, fragte ich.

„Sie müssen zuhören“, antwortete sie, „und mit Achtsamkeit sollte es Ihnen gelingen, herauszufinden, was sich in Ihrem Fall eignet und was nicht.“

Der Zen-Manager

Als ich Manager in einem Unternehmen war, hatte ich einmal einen jungen Trainee, der ebenso arrogant wie schludrig war. Ich sagte meinem Chef, ich könne ihn nicht gebrauchen und empfahl seine Versetzung in eine andere Abteilung.

Mein Chef entgegnete: „Die Kunst der Betriebsführung liegt nicht darin, Menschen ohne Schwächen einzusetzen. Jeder hat ja seine Stärken und Schwächen, und ein guter Manager weiß jeden Mitarbeiter so einzusetzen, dass seine Stärken zum Tragen kommen und seine Schwächen keinen Schaden anrichten."

Dies war meine Einführung ins Zen-Management.

Der unerkannte Engel

Als ich an der Wall Street arbeitete, hatte ich ein Ekel von einem Chef. Täglich stellte er mir die schwierigsten Aufgaben und war nie mit dem Ergebnis zufrieden, obwohl ich von Kollegen durchaus Lob und Anerkennung bekam.

Dieser unangenehme Chef verdarb das Arbeitsklima derart, dass ich mich schließlich schon morgens davor fürchtete, zur Arbeit zu gehen. Da fiel mir ein, dass im Lotos-Sutra von einem grimmigen Bodhisattva die Rede war – einem erleuchteten Wesen, das niederträchtig auftritt, um die Mitmenschen auf eine spirituelle Probe zu stellen.

Von da an sah ich meinen Chef als unerkannten Engel und nahm seine Herausforderungen freudig an. Ich sah sie als Gelegenheit an, über mich selbst hinauszuwachsen. Dadurch, dass ich den Chef nun mit anderen Augen sah, konnte ich viel gelassener in der gespannten Atmosphäre arbeiten.

Bald darauf ist mein Chef gegangen. Vielleicht hat der grimmige Bodhisattva gemerkt, dass seine Aufgabe erledigt war.

Tu nicht einfach etwas

Ein Student war auf der Suche nach Weisheit und lernte auch Meditieren bei einem Zen-Meister. Davon hörte sein westlich eingestellter Professor und sagte zu ihm: „Was nützt es denn, herumzusitzen und auf seinen Bauchnabel zu starren? Nutzen Sie Ihre Intelligenz nutzen und gehen Sie hinaus in die Welt. Tun Sie etwas."

Diese Bemerkung des Professors brachte den Studenten ganz durcheinander. Er berichtete seinem Meister davon und wollte wissen, was dieser davon hielt.

Der Meister antwortete lächelnd: „Sag mir einmal – was soll es nützen, etwas zu tun, bevor man überhaupt begriffen hat, was man tut?"

Die vergessene Tasse

In einer amerikanischen Firma, in der ich tätig war, stand in der Büroküche eine Tasse herum. Sie war aus Porzellan und ganz heil. Auf ihr war ein chinesischer Kuhhirte zu sehen, der auf einer Kuh saß und vornübergeneigt vor sich hin döste. Dies Bild bedeutet auf Chinesisch Stille.

Dass in der Firma niemand diese Tasse haben wollte, wundert mich kein bisschen. Eine Haltung, wie sie sich hier ausdrückt, ist ausgesprochen unamerikanisch und steht im Widerspruch zu allem, was mit den Werten moderner Unternehmenskultur zusammenhängt. Stille, Gelassenheit, Zeit haben – das gehört in die Vergangenheit. Wer sich in Amerika verhält wie dieser Kuhhirt, kann mit seiner umgehenden Entlassung rechnen. Das ist im modernen Arbeitsleben nicht vorgesehen.

Müßiggang und Stille sind mit dem modernen Leben unvereinbar.

Zerstörung

Es war einmal eine Bildhauermeisterin, die ihr Handwerk verstand. Ihre Werke wurden oft ausgestellt – an öffentlichen Orten, in Museen und in Privatsammlungen. Trotz ihres Ruhmes und ihres Erfolges war die Bildhauerin mit ihrer Arbeit nie recht zufrieden und experimentierte weiter, in der Hoffnung auf den großen Wurf.

Eines Tages erhielt sie einen Auftrag von einem wichtigen Kunden. Dieser Auftrag beflügelte sie mehr als alle anderen und sie arbeitete drei Monate ununterbrochen daran. Als das Werk endlich fertig war, staunte die Bildhauerin selbst. Die Schönheit der Skulptur verschlug ihr den Atem – sie war im wahrsten Sinne des Wortes vollendet!

Die Skulptur ging der Bildhauerin nicht aus dem Kopf. Drei Tage lang starrte sie ungläubig auf ihre eigene Schöpfung, bis sie sich schließlich aus deren Bann löste, einen Hammer ergriff und das Meisterwerk in Stücke schlug.

Ihre Freunde waren wie vor den Kopf geschlagen: „Wie kannst du nur! Und wir dachten, du wärest endlich einmal zufrieden!"

„Das stimmt auch“, antwortete sie. „Aber ich wollte mich nicht zur Sklavin der Vollendung machen, nicht einmal bei meinem eigenen Werk!“

Zen im Alltag

Die Kunst des Tantra

Ein Zen-Lehrer hatte seine Schüler gelehrt, dass es kaum Unterschiede zwischen Zen und tantrischer Kunst gebe und damit einige Verwirrung ausgelöst, denn für die Schüler war Tantra gleichbedeutend mit sinnlicher Liebe. Zen dagegen scheint dem klösterlichen Leben mit seinen Elementen der Einsamkeit und des Schweigens näher zu stehen.

Ein Schüler äußerte seine Meinung zu dem Internetforum, das sein Lehrer unterhielt. „Wie lässt sich ein solches Forum mit Zen vereinbaren?", fragte der Schüler. „Die Forumsteilnehmer führen erhitzte Debatten, bei denen es vor allem darum geht, das eigene Ich zu bestätigen. Im Zen braucht man keine Worte und muss erst recht keinen Streit gewinnen."

Der Lehrer lächelte und antwortete: „Durch Debatten kommt oft die Wahrheit ans Licht. Das Schöne am Zen ist, dass man nichts ablehnt. Selbst ein Ich kann nützlich eingesetzt werden. Das hat Zen mit der tantrischen Kunst gemeinsam."

„Ist Tantra nicht Erleuchtung durch Sex?“, erkundigte sich der Student.

„Nicht so ganz“, antwortete der Lehrer. „Tantra beruht auf der Vorstellung, dass grundsätzlich alle Formen von Energie zum Zwecke der Erleuchtung eingesetzt werden können – Zorn, Begierde, Angst usw. Und für die Kunst zu leben ist es entscheidend, keine Energie zu verschwenden. Meinem Forum liegt die Vorstellung des kreativen Konflikts zugrunde.“

Wildgewordene Autofahrer

Ein amerikanischer Zen-Schüler nahm seinen Lehrer im Auto zu einer Einladung mit. Plötzlich wechselte das Auto vor ihnen die Spur ohne zu blinken. Beinahe hätte es gekracht, und der Schüler regte sich so darüber auf, dass er dem anderen Fahrer den Stinkefinger zeigte.

Sein Lehrer sagte zu ihm ganz ruhig: „Wenn so etwas noch einmal passiert, lässt du den anderen einfach gewähren."

Der noch immer wütende Schüler fragte: „Warum, Meister? Es war doch völlig klar, dass der andere im Unrecht war, und jemand musste ihm das schließlich sagen."

„Es geht nicht darum, wer Recht oder Unrecht hat", antwortete der Meister, „sondern um den klugen Gebrauch unserer Energie. Wer bei Verstand ist, vergeudet seine Kräfte nicht im Kampf mit Unvernünftigen, und der Gentleman misst seine Kräfte nicht mit dem Schurken."

Die Kunst zu leben

Eine Frau fragte ihren Lehrer: „Wie kann ich die Kunst zu leben erlernen? Könnt Ihr mir ein Buch empfehlen?"

Der Lehrer antwortete: „Ich kann eine ganze Reihe von Büchern empfehlen, aber die werden dich nur ablenken und ersetzen die Praxis nicht."

„Und wie und was kann ich in der Praxis üben?", fragte die Schülerin.

Der Lehrer sagte zu ihr: „Nichts Spezielles. Tu das, was du tust, einfach mit voller Aufmerksamkeit."

Das verwirrte die Schülerin: „Ich dachte, ich solle meditieren."

Der Lehrer lächelte und sagte: „Mit der nötigen Aufmerksamkeit kann man beim Kochen, Schreiben oder Babywickeln meditieren. Das Tao ist überall. Schau nur hin!"

Zen fürs stille Örtchen

Einst beklagte sich eine Amerikanerin bei ihrem Zen-Lehrer über die Toilettengepflogenheiten der Chinesen. „Man hat überhaupt keine Intimsphäre mehr. Einzelkabinen gibt es nicht, und dann muss man sich auch noch hinhocken. Man fühlt sich gänzlich bloßgestellt."

„Da hast du ja reichlich Gelegenheit, die Achtsamkeit auf geistige Dinge anzuwenden – auf Werte, Überzeugungen, Sitten und Gebräuche", erwiderte der Lehrer.

„Wieso? Was gibt es da zu lernen?", fragte die Dame.

„Man kann zum Beispiel lernen, dass Dinge, die wir als richtig oder falsch betrachten, keinen absoluten Wert darstellen und in anderen Ländern ganz anders aussehen können", war die Antwort.

Jeder Tag ist ein schöner Tag

Ein Zen-Schüler fragte seinen Lehrer: „Was bedeutet eigentlich der Zen-Spruch ‚Jeder Tag ist ein schöner Tag'? Das kann doch nicht stimmen. Schließlich ist an manchen Tagen der Chef unausstehlich, die Frau meckert und die Kinder sind rotzfrech!"

Der Lehrer antwortete: „Wenn du glaubst, nachdem du Zen gelernt hast, sei jeder Tag ein Honigschlecken, hast du dich getäuscht. Aber jeder Tag kann trotzdem schön sein, wenn du dir den Blick nicht durch deine Befindlichkeit trüben lässt. Wenn in deinem Geist Ruhe herrscht, kannst du Schönheit um dich herum erkennen. Denk an dieses Zen-Gedicht:

Der Frühling leuchtet mit hundert Blumen,
der Herbst mit seinem Erntemond.
Im Sommer kühlt die leichte Brise, der Winter verzaubert das Land.
Wenn der Geist sich nicht an kleinen Dingen stört,
Ist jeder Tag ein schöner Tag."

Liebe und Alleinsein

Ein Zen-Lehrer hielt einen Vortrag und wandte sich an seine Zuhörer: „Ist euch eigentlich bewusst, dass ihr einen anderen Menschen nur lieben könnt, wenn ihr allein seid?“

Dies leuchtete einer jungen verliebten Frau nicht ein. „Soll das heißen, dass die Liebe mit der Entfernung wächst?“, fragte sie.

„Nein“, antwortete der Lehrer, „die meisten Menschen können nicht wirklich lieben, wenn sie mit dem oder der Geliebten zusammen sind.“

„Und warum?“, wollte die junge Frau wissen.

„Um lieben zu können, muss man sehen können“, erklärte der Lehrer geduldig. „Wenn aber zwei Menschen bis über beide Ohren ineinander verliebt sind, sehen sie im Anderen, was sie sehen wollen, aber nicht den Anderen, wie er wirklich ist.“

„Wie können wir dann lieben lernen?“, fragte die junge Frau.

„Indem wir einige Zeit allein verbringen“, antwortete der Lehrer.

Das Wesen der Gewalt

Einst sprach ein Zen-Lehrer vor seinen Schülern davon, dass wir in einem Zeitalter der Gewalt leben. „Gewalt", sagte er, „fängt nicht erst mit dem Gebrauch von Gewalt, Waffen oder Aggression an."

„Worin liegt denn dann das Wesen der Gewalt?", fragte ein nachdenklicher Schüler.

„Die Gewalt beginnt in dem Augenblick, in dem man sich mit einem Problem konfrontiert sieht und denkt: Mir ist es gleichgültig, wie dieses Problem entstanden ist – ich will es einfach los sein, und dazu ist mir jedes Mittel recht. Gewalt ist im Grunde die Weigerung, mit den Dingen vernünftig umzugehen."

„Und worin liegt die Quelle der Gewaltlosigkeit?", fragte der Schüler nach.

„In der Erkenntnis, dass der gewalttätige Umgang mit den Dingen die Lage nur verschlimmert", antwortete der Lehrer.

Vorbereitungen

Als der Zen-Meister beim Vortragssaal eintraf, war man gerade mit dem Großreinemachen des Saals beschäftigt. Man hatte ihn erst einige Tage später erwartet. Wie staunten die Menschen, als sie sahen, wie der Meister die Ärmel aufkrempelte und beim Saubermachen helfen wollte.

„Was tut Ihr da, Meister?“, fragte ein Schüler.

„Nichts – ich helfe nur bei den Vorbereitungen für meinen großen Empfang.“

Das leere Boot

Eine Zen-Schülerin fragte ihren Lehrer, wie sie mit Zorn umgehen sollte.

Der Meister sagte: „Stell dir vor, du bist an einem nebligen Tag auf einem Boot, und man kann kaum etwas erkennen. Da taucht ganz plötzlich ein Boot auf, das genau auf dich zu kommt. Einen Augenblick lang wirst du zornig und denkst: ‚Dieser Vollidiot, und ich habe gerade mein Boot frisch gestrichen.' Und schon kracht es. Nun schaust du genauer hin und siehst, dass niemand im anderen Boot ist. Dein Ärger verfliegt, und du seufzt nur: ‚Jetzt kann ich mein Boot noch einmal anstreichen.' Damit ist die Sache erledigt. So geht es mit allen Begegnungen mit dem Leben, mit anderen Menschen – es ist, als würden wir von einem leeren Boot gerammt."

„Aber selbst wenn das Boot leer ist", meinte ein Schüler, „müssen wir erst einmal kräftig auf alle Welt schimpfen. Wir bilden uns doch immer ein, alle Welt wolle uns mit Absicht schaden, und wenn niemand in dem Boot sitzt, stellen wir uns doch jemanden darin vor."

„Ja“, sagte der Meister, „so sind wir nun einmal, aber je mehr wir üben, desto leichter können wir uns bremsen und sehen, wie lächerlich wir uns machen. Schuld ist *immer* das leere Ruderboot.“

Was hat das mit Zen zu tun?

Ein Zen-Lehrer war dafür bekannt, dass er sich gern westliche Filme ansah. Einer seiner Schüler kam damit nicht klar und fragte: „Meister, was hat das Anschauen von westlichen Filmen eigentlich mit der Zen-Praxis zu tun?"

Der Lehrer antwortete: „Alles im Leben kann Zen-Praxis sein, und Zen-Praxis kann nur sein, was vollständig ins tägliche Leben integriert ist. Habt ihr den Film von Robert Redford, *Aus der Mitte entspringt ein Fluss* gesehen?"

„Ja", sagte der Schüler, „da geht es um einen Pfarrer und seine beiden kleinen Söhne. Aber was kann man aus diesem Film für den Zen lernen?"

„Ganz einfach", antwortete der Lehrer. „Wie heißt der erste Satz in dem Film?"

„In unserer Familie gab es keine klare Grenze zwischen Religion und Angeln", zitierte der Schüler.

„Wenn ihr euch das beim Praktizieren zu Herzen nehmt, könnt ihr bei allem, was ihr tut, Zen finden", sagte der Lehrer.

Die Kalligrafie des Großvaters

Vor einigen Jahren lud mich eine Freundin zum Abendessen ein. Mitten im Wohnzimmer der Familie befand sich ein gerahmtes Stück Kalligrafie von ihrem Großvater. Meine Freundin erklärte, dies sei die beste Kalligrafie ihres Großvaters. Das Interessante daran war, dass es auf einem Stück Schmierpapier und nicht auf gutes Schreib- oder Zeichenpapier geschrieben war.

Für die Kalligrafie gilt nämlich, wie auch sonst im Leben, dass uns die Dinge oft nicht gelingen, wenn wir uns von vornherein vornehmen, etwas Großes zu schaffen. Gelegentlich aber gelingt ein großer Wurf, wenn wir die Dinge nebenbei betreiben. Vielleicht geht man spielerischer mit einem Stück Schmierpapier um, und die spielerische Komponente kann ein Kunstwerk groß machen. Das gilt auch für die Kunst des Lebens.

Der böswillige Zug

Ein Zen-Schüler hatte eine wichtige Verabredung und sein Zug hatte etwa 20 Minuten Verspätung. Der Schüler wurde ärgerlich und begann zu schimpfen. „Das ist mal wieder typisch, gerade wenn ich zu einem wichtigen Gespräch muss!“, beschwerte er sich.

Der Meister hörte, wie ärgerlich sein Schüler war und fragte ihn: „Warum bist du so wütend? Denkst du, der Zug will dir absichtlich schaden?“

Da wurde dem Schüler klar, wie irrational ein solcher Gedanke war. Man muss ganz schön verrückt sein, um einen Zug für böswillig zu halten. Sein Ärger legte sich augenblicklich.

Später erklärte der Meister an diesem Beispiel die Unsinnigkeit des Ärgers und ein anderer Schüler wollte wissen: „Was ist aber, wenn mir wirklich jemand schaden will? Soll ich mich über den vielleicht nicht ärgern?“

„Mit einem solchen Menschen verhält es sich genauso wie mit dem Zug“, antwortete der Lehrer. „Er hat sein Handeln nicht unter Kontrolle und sucht am falschen Ort nach dem Glück. Kann man sich über so ein elendes Wesen wirklich ärgern?“

Zen in der *Twilight Zone*

Eine Gruppe von Zen-Schülern diskutierte, wo spirituelle Wahrheit zu finden sei.

„In den Schriften findet man Wahrheit", sagte Einer.

„Nein", widersprach ein Anderer. „Wahrheit kann man nur beim Meditieren finden."

„Das glaube ich nicht", meinte ein dritter Schüler. „Nur unter Führung eines Lehrers kann man Wahrheit finden."

Da sie sich nicht einig werden konnten, beschlossen die Schüler, die Frage ihrem Meister vorzulegen. „Wo können wir Wahrheit finden?", fragten sie.

Der Meister lachte: „Wahrheit könnt ihr überall finden. Dummerweise achten die Menschen aber meist nicht auf das, was sie vor der Nase haben. Wer die Augen aufmacht, kann sogar beim Fernsehen spirituelle Wahrheit entdecken."

Diese unkonventionelle Antwort überraschte die Schüler. Sie glaubten, ihren Ohren nicht zu trauen.

„Lasst mich das an einem Beispiel erläutern“, sagte der Meister. „Schaut ihr gern die Fernsehserie *The Twilight Zone* an? Da gab es doch die Episode vom „Mann in der Flasche“. Dort geschah Folgendes:

> *Ein liebenswürdiges Ehepaar hat einen kleinen Antiquitätenladen. Eines Tages kauft es einer alten Dame, die dringend Geld braucht, eine alte Flasche ab. Bald stellt sich aber heraus, dass es sich um keine gewöhnliche Flasche handelt – sie enthält einen Flaschengeist. Dieser gibt dem Paar drei Wünsche frei. Noch etwas skeptisch, stellen die beiden die Zauberkraft des Geistes auf die Probe und wünschen sich, dass zerbrochenes Glas im Laden wieder heil gemacht wird. Dies geschieht, und das Paar wünscht sich begeistert etwas Großes – eine Million Dollar, die sie mit Bedürftigen in ihrer Umgebung teilen wollen. Dieser Wunsch geht sofort in Erfüllung, aber kurz darauf meldet sich das Finanzamt und das Paar muss so viele Steuern zahlen, dass ihm nur mehr fünf Dollar bleiben. Daraufhin wünscht sich der Mann etwas anderes – absolute Macht. Auch dieser Wunsch geht sofort in Erfüllung – er wird in*

Adolf Hitler verwandelt. Die Macht kann er nicht lange genießen, denn am Ende des Zweiten Weltkrieges steckt er in der Bredouille. So bleibt dem Mann keine Wahl, als seinen letzten Wunsch zu tun, damit alles wieder so wird, wie es vorher war. Nichts hat sich also verändert, aber das Paar lebt jetzt doch glücklicher weiter als zuvor.

„Und was für eine spirituelle Wahrheit steckt nun in dieser Geschichte?", fragten die Schüler.

„Sie zeigt das Wesen der Begierde", antwortete der Meister.

Das geschriebene Wort

Eine Gruppe von Buddhisten trifft sich jeden Mittwochabend, um gemeinsam buddhistische Schriften zu lesen und zu diskutieren. Viele sind schon seit mehr als zehn Jahren mit Begeisterung dabei. Sie beschäftigen sich auch mit der Übersetzung früher buddhistischer Texte. Ein Zen-Schüler nahm an einigen dieser Sitzungen teil und fragte dann seinen Meister: „Was haltet Ihr von der Arbeit dieser Gruppe? Hat sie nicht eine Menge zur Erleuchtung der Welt beigetragen?“

Der Meister lächelte spitzbübisch und erzählte folgende Geschichte, die ihm zu Ohren gekommen war:

> *Ein junger Mann wollte eine Laufbahn als Mönch einschlagen und wurde als Novize in ein angesehenes Kloster aufgenommen. Zuerst wurde ihm die Aufgabe zugeteilt, Texte abzuschreiben.*
>
> *„Fang schon einmal an“, sagte der Abt. „Bruder Ananda ist gerade damit fertig geworden.“*

„Was, ich soll die Kopie einer Kopie anfertigen? Und wenn Fehler darin sind? Man schreibt doch wohl besser vom Original ab!“
„Da hast du recht, mein Sohn. Ich gehe und hole es aus dem Archiv“, sagte der Abt und entschwand.
Eine Stunde verging, zwei, drei Stunden … der Abt kam nicht zurück. Die Mönche machten sich Sorgen und gingen ins Archiv hinunter, um zu sehen, ob dem Abt etwas zugestoßen war. Da saß er vor einem aufgeschlagenen Buch und weinte zum Steinerweichen.
„Seht nur, was hier steht“, schluchzte er, „und wir haben es seit Jahrhunderten falsch abgeschrieben: ‚In der Liebe zu Frauen sollt ihr euch ENTHALTEN‘, und dabei heißt es ‚ENTFALTEN‘.“

„Also soll man dem Studium der Schriften misstrauen, Meister?“, fragte der Schüler.

„Keineswegs“, entgegnete der Meister. „Die Schriften können durchaus weiterhelfen, nur dürft ihr darüber nicht die ursprüngliche Quelle, das tägliche Leben, vergessen. Dort könnt ihr nämlich Wahrheit im Hier und Jetzt finden.“

Die Praxis des Schweigens

Eine Gruppe von Zen-Anhängern traf sich zu einer Schweigeklausur. Traditionsgemäß sollten sieben Tage in schweigender Meditation verbracht werden. Weder Telefonanrufe noch E-Mails, weder Fernsehen oder Radio noch Gespräche waren erlaubt. Alle waren sich sicher, diese Regeln auch einhalten zu können.

Der erste Tag verlief reibungslos. Die Gruppe meditierte den ganzen Tag, aber als es Abend wurde, begannen die Öllampen zu flakkern. Das störte einen der Teilnehmer und er rief einem Bediensteten zu: „Kannst du die Lampen in Ordnung bringen?"

Daraufhin sagte ein Anderer: „Wir sollen nicht reden. Kannst du nicht lesen, was an der Tür steht? Ruhe steht da!"

„So?", mischte sich ein Dritter ein und sagte zum Zweiten: „Und warum redest du dann?"

„Na so was, dann bin ich wohl der Einzige, der den Mund halten konnte", ließ sich ein Vierter vernehmen.

Zen und Moral

Unmenschlichkeit

Eines Tages erzählte ein Zen-Lehrer die Geschichte vom Eremiten und der alten Frau. Diese Überlieferung berichtet von einer alten Dame, die lange Zeit einem Eremiten Unterstützung gewährte. Der Eremit verbrachte nämlich viel Zeit bei der Meditation, und sie brachte ihm täglich Essen. Sie hatte ihm auch eine Hütte gebaut. Nun wollte sie herausfinden, ob er in seiner Spiritualität Fortschritte gemacht habe. Zu diesem Zweck schickte sie eine junge, sinnenfrohe Frau zu ihm. Das Mädchen hatte Anweisung, ihn zu umarmen und ihn zu fragen: „Was machen wir jetzt?" Das Mädchen tat, wie ihm geheißen. Sie kam dem Eremiten zärtlich näher, um zu sehen, wie er reagieren würde. Der Eremit stieß sie von sich und beantwortete ihre einladenden Gesten mit zwei Gedichtversen: „Ein alter Baum wächst im Winter auf einem kalten Felsen, und nirgends ist Wärme zu finden." Dies berichtete das Mädchen der alten Dame, die daraufhin in Zorn geriet: „Zwanzig Jahre lang habe ich diesem Holzklotz Geschenke gemacht." Und sie ließ seine Hütte niederbrennen.

Als ein Schüler diese Geschichte hörte,

fragte er: „Und was sollte der arme Eremit machen? Sich vielleicht mit dem Mädchen einlassen?“

„Nun, das vielleicht nicht“, meinte der Meister, „aber etwas Güte und Menschlichkeit hätte er ihr gegenüber schon zeigen können. Die Praxis des Zen besteht darin, Menschen mit ihren Gefühlen nicht zurückzuweisen. Darin liegt der Fehler, den der Eremit begangen hat.“

Ambapali, die Kurtisane

Eines Tages erzählte ein Zen-Meister seinen Schülern von der schönen Kurtisane Ambapali, die zu Zeiten des Buddha lebte. Der Buddha war damals schon alt und hatte eine große Gefolgschaft. Es wird überliefert, dass er eine Einladung der Licchavis, einer wohlhabenden Familie von fürstlichem Rang, ablehnte und stattdessen eine Einladung Ambapalis annahm. „Und warum wies der Buddha die Einladung der adeligen Familie zurück und folgte der einer Kurtisane?“, fragte ein Schüler.

„Es stimmt zwar, dass Ambapali eine Lebedame war“, sagte der Meister, „aber es ist auch wahr, dass die Lotosblume nicht von dem Schlamm verunreinigt wird, aus dem sie wächst, und so war auch Ambapali nicht von der Welt, in der sie lebte, verdorben. Der Buddha sagte, sie sei zwar jung und reich und von Vergnügungen umgeben, dabei aber doch von starkem Charakter und nachdenklichem Wesen. In einer Welt, die nur das eigene Wohl im Sinn hatte, hatte sie sich ihre Achtsamkeit und ihren Hunger nach Weisheit bewahrt. Das brachte ihr die Wertschätzung des Buddha ein."

Der Student wusste nicht, was er denken sollte: „Und dass sie eine Edelnutte war, scheint wohl keine Rolle zu spielen?"

Lächelnd entgegnete der Meister: „Zen kann man immer praktizieren, gleichgültig wer und wo man ist. Das zeigt gerade das Beispiel Ambapali."

Was ein Zen-Meister Osama bin Laden zu sagen hätte

Nach dem Anschlag vom 11. September wurde ein Zen-Meister von Journalisten befragt: „Was hätten Sie Osama bin Laden zu sagen, wenn Sie die Möglichkeit hätten, mit ihm zu sprechen?"

Der Meister antwortete: „Sollte ich ihm einmal gegenüber stehen, würde ich ihm zunächst einmal zuhören. Ich würde versuchen zu begreifen, warum er so grausam gehandelt hat. Ich würde mich bemühen, all das Leid zu verstehen, das ihm widerfahren ist und ihn dazu gebracht hat, gewaltsam zu handeln."

Als nächstes wollte der Journalist wissen: „Was hätten Sie den Menschen zu sagen, die voller Kummer und Zorn sind, weil sie geliebte Menschen bei dem Terroranschlag verloren haben?"

„So schwer es fällt, in einer solchen Lage Aufgeschlossenheit zu bewahren, ist es doch ganz wichtig, dass wir erst reagieren, wenn wir genügend Ruhe und Klarheit gewonnen haben, um die Tragweite der Situation zu begreifen", fuhr der Meister fort. „Wir wissen, dass eine Antwort der Gewalt und des Hasses uns und den Menschen um uns nur Schaden zufügt. Wir üben, um eine tiefe Einsicht in das Leid der Menschen zu bekommen, die uns solche Gewalt antun. So können wir ein tieferes Verständnis für sie und uns selbst gewinnen. Aus diesem Verständnis heraus können wir dann Mitgefühl entwickeln, das uns helfen wird, unser eigenes Leid und das der anderen Seite zu lindern."

Zen und Porno

In einem Zen-Gespräch fragte ein junger Mann den Vortragenden: „Darf ein Zen-Schüler Pornofilme anschauen oder erotische Literatur lesen? Und worin besteht überhaupt der Unterschied zwischen Porno und erotischer Kunst?"

Der Vortragende antwortete: „Das kommt darauf an. Wenn man beim Lesen oder Anschauen von erotischem Material Freude an der Schönheit des menschlichen Körpers hat und Achtung vor dem Menschen bewahrt, der seinen Körper für dieses Vergnügen zur Verfügung stellt, dann nur zu! Kannst du aber weder dich selbst noch den anderen Menschen, dessen Körper du betrachtest, achten, dann legst du es besser weg. Wie bei allem gilt auch hier Augenmaß und Ausgewogenheit."

„Es muss also nichts Schmutziges sein?", fragte der junge Mann.

„Solange deine Gedanken nicht schmutzig sind, ist es nicht schmutzig", stellte der Vortragende klar.

Mitgefühl

Eine Zen-Schülerin fragte ihren Lehrer: „Meister, was ist Mitgefühl? Und wie unterscheidet es sich von Mitleid oder Barmherzigkeit?"

Der Meister antwortete: „Wer Mitleid oder Barmherzigkeit empfindet, der spürt noch einen Unterschied zwischen sich selbst und anderen. Bei wirklichem Mitgefühl ist diese Schranke aufgehoben, und man empfindet Mitgefühl als Einssein."

„Wie kann ich das üben?", fragte die Schülerin.

„Das lässt sich nicht üben, denn dazu muss man erst die Einheit aller Dinge erkennen", sagte der Meister. „Bis dahin kann man aber Barmherzigkeit üben."

Wahre Unschuld

Ein Zen-Meister lehrte, dass Unschuld ein Element des Zen sei. Das verstand ein Schüler nicht ganz und fragte nach: „Was heißt denn Unschuld? Bedeutet es Unkenntnis der Welt oder sexuelles Unaufgeklärtsein? Heißt es Mangel an Erfahrung?“

Der Meister antwortete: „Wahre Unschuld hat nichts mit Unkenntnis oder mangelnder Erfahrung zu tun. Hast du Fellinis Film ‚Achteinhalb‘ gesehen?“

Der Schüler bejahte die Frage.

„Gut“, sagte der Meister. „Dann erzähle mir doch noch einmal kurz die Episode von der Prostituierten und den Schuljungen am Strand.“

Der Schüler lieferte folgende Zusammenfassung: „Eine Gruppe katholischer Schuljungen machte mit einem Priester einen Ausflug zum Strand. Der Priester ging kurz weg, weil er etwas zu erledigen hatte. In der Zwischenzeit kam eine Zigeunerin vorbei. Die Jungen grüßten sie und fragten sie nach ihrem Beruf. Die Frau sagte ihnen, sie sei Prostituierte. Die Jungen hatten keine Ahnung, was das war, und baten sie, es ihnen zu erklären. Die Frau sagte ihnen, dass eine Prostituierte die Leute für Geld amüsiert. Die Jungen waren sehr neugierig und ließen einen Hut herumgehen. Jeder warf Geld hinein und dann gaben sie ihn der Frau. Da zog die Prostituierte sich aus und tanzte den Jungen etwas vor. Die Jungen waren begeistert, klatschten in die Hände und tanzten mit. So hatten sie ihren Spaß, bis der Priester zurückkam und losbrüllte. In dem Augenblick, als seine Donnerstimme dröhnte, wurden die Kinder verdorben. Bis dahin war alles schön und voller Unschuld."

„Haben sie ihre Unschuld durch fleischliche Begierde verloren?", fragte der Schüler.

„Nein", antwortete der Meister, „sie verloren ihre Unschuld, weil sich ein Gedanke in ihren Köpfen einnistete – dass der menschliche Körper zum Schämen ist und dass ein Kind, das nackte Menschen betrachtet, verdorben wird. Die Unschuld geht dann verloren, wenn wir unkritisch das Urteil der Gesellschaft als Wahrheit annehmen."

Glaube

Ein Zen-Lehrer besuchte einmal mit seinen Schülern einen Tempel, der von Gläubigen geradezu überquoll. Ein Schüler sagte zu ihm: „Ist es nicht erstaunlich, wie viele Menschen sich in unserer modernen Zeit ihren Glauben bewahrt haben?"

„Was ihr hier seht, hat nichts mit Glauben zu tun", antwortete der Lehrer. „Beim Glauben geht es nicht darum, um dies oder jenes zu bitten. Ob sich diese Bitte nun an Jesus, Maria oder den Buddha richtet, so ist sie doch ein Ausdruck des Ich und nicht des Glaubens."

„Was ist Glaube denn dann, Meister?", wollte der Schüler wissen.

„Glaube ist Vertrauen in das Bestehende und Hingabe", antwortete der Lehrer. „In ihm drückt sich Sanftmut, nicht Beharren aus."

Das Treiben der Katzen

In einem leer stehenden Tempel in den Bergen war ein Pärchen beim Liebesspiel erwischt worden. Die erbosten Dorfbewohner sahen dadurch den Tempel geschändet. Sie brachten das Paar zu einem Zen-Meister und befragten ihn, was eine angemessene Bestrafung sein könnte.

„Was ist eigentlich mit den Katzen im Tempel? Treiben die es dort nicht die ganze Zeit? Warum habt ihr sie denn nicht bestraft?“, fragte der Meister.

Den Dorfbewohnern verschlug es die Sprache.

„Regt euch nicht auf“, sagte der Meister. „Wenn es überhaupt eine Schändung gibt, so ist sie in euren Gedanken passiert.“

Leidenschaftlich fixiert

Eines Tages ging ein Zen-Lehrer mit seinen Schülern in ein Einkaufszentrum, vor dem eine aufgebrachte Menge demonstrierte. Es stellte sich heraus, dass die Demonstranten der religiösen Rechten angehörten und sich darüber erbosten, dass im Einkaufszentrum ein Striptease-Lokal eröffnet worden war.

„Was sagt Ihr dazu, Meister?“, fragte einer seiner Schüler. „Können wir das Striptease-Lokal so nahe an unserem Meditationszentrum und unseren Wohnungen dulden? Wird es nicht einen schlechten Einfluss ausüben?“

Der Meister entgegnete: „Solche Vergnügungslokale hat es doch schon in der Antike gegeben und es wird sie weiterhin geben, ob wir nun protestieren oder nicht.“

„Sollten wir uns als Buddhisten nicht dem Protest gegen diese Art der Unterhaltung anschließen? Liegt in der Begierde nicht die Wurzel allen Leidens?“, wollte ein Schüler wissen.

„Nein“, sagte der Meister. „Denn eines steht fest: Nicht durch die Begierde entsteht Leid, sondern durch Anhaftung. Zeigt mir den

Menschen, der ganz ohne irgendeine Form der Begierde leben kann. Etwas zu begehren ist völlig in Ordnung, solange daraus keine fixe Idee wird."

Dies verblüffte die Schüler, die nun eine lange Diskussion über die Rolle des Begehrens im Leben frommer Menschen begannen.

Als der Meister bemerkte, mit welcher Leidenschaft diese Diskussion geführt wurde, zwinkerte er ihnen zu und sagte: „Diejenigen, die am lautesten protestieren, leiden auch an einer Fixierung. Mag sein, in die andere Richtung, aber das macht es nicht besser. Achtet einmal auf eure moralische Entrüstung!"

Zen und das Ich

Das ist nicht Liebe

Einst stellte eine junge Zen-Schülerin ihrem Lehrer folgende Frage: „Die Liebe ist vielleicht das größte Gefühl, dessen ein Mensch fähig ist. Aber warum geht es jedes Mal schief, wenn ich mich verliebe?“

Der Lehrer entgegnete: „Wahre Liebe befreit, sie fesselt nicht. Das Dumme ist nur, dass die meisten Menschen Liebe mit Begehren verwechseln, und wenn sie sagen: ‚Ich liebe dich‘, meinen sie eigentlich: ‚du hast etwas, was ich haben möchte.‘“

„Wie kann ich denn dann lieben und dabei auch glücklich sein?“, fragte die Schülerin.

„Wenn du liebst, darf dein Egoismus nicht die Oberhand gewinnen.“

Himmel und Hölle

Ein christlicher Zen-Schüler fragte seinen Meister, ob es wirklich Himmel und Hölle gebe.

„O ja, Himmel und Hölle gibt es sehr wohl“, sagte der Meister.

„Wie kann aber ein wirklich barmherziger Gott einen Ort beständigen Leidens schaffen?“, fragte der Schüler.

„Eines musst du wissen, mein Freund“, sagte der Meister. „Die Tore der Hölle sind von innen verschlossen. Wer in der Hölle ist, will auch dort sein. Die Hölle ist dort, wo das Vergnügen ist. Dort herrscht das Ich, der Wettstreit und das persönliche Ansehen. Dagegen nimmt sich der Himmel langweilig aus. Wer will schon dort sein, wo Glückseligkeit und Gerechtigkeit herrschen. Das ist der Tod des Ich.“

Werbespots und das Ich

Eine Gruppe von Zen-Schülern tut sich schwer, die buddhistische Lehre vom Nicht-Ich zu begreifen. Es scheint ein allzu abstraktes Konzept zu sein. Eines Tages saßen sie gerade beim Essen, da kam im Fernsehen die Meldung, dass heutzutage das Durchschnittskind jährlich 40 000 Werbespots ausgesetzt ist. Die meisten davon werben für Spielsachen, Bonbons, Cornflakes und Fast Food. Was Kinder im Fernsehen gesehen haben, danach betteln sie oft, und irgendwann schlägt sich dieser Bettelfaktor in Verkäufen nieder. So erklärt sich der drastische Anstieg von übergewichtigen Kindern.

Dies griff der Zen-Lehrer auf und fragte: „Wenn durch Werbespots Bedürfnisse geschaffen werden können – wo ist denn dann das Ich zu finden?“

Die Schüler lächelten verständnisvoll.

„Das Ich ist ein Geist – ein amorphes Etwas mit fließenden Grenzen“, fuhr der Lehrer fort.

Die Spinne

Ein Schüler kam mit bleichem Gesicht zu seinem Meister. „Meister", sagte er, „immer wenn ich zu meditieren beginne, lässt sich vor mir eine Spinne nieder, und sie wird jeden Tag größer. Sie ist schon so groß wie ein Eimer."

„Nur nichts überstürzen", sagte ihm der Meister. „Wenn du das nächste Mal die Spinne siehst, dann male ihr mit Kreide ein Kreuz auf den Bauch, und dann wollen wir einmal sehen."

Am nächsten Tag berichtete der Schüler seinem Meister: „Ich habe Eure Anweisungen befolgt und das Kreuz auf die Spinne gemalt."

„Ausgezeichnet", antwortete der Meister. „Jetzt heb einmal dein Hemd hoch und schau nach."

Der Student hob sein Hemd hoch und sah zu seinem Schrecken ein Kreuz auf seinem eigenen Bauch.

„Merk dir", fuhr der Meister fort, „schau zuerst dich selbst an, bevor du handelst."

Auf der Suche nach Ruhe

Ein Besucher kam zu einem Meditationszentrum und wollte sich einer Gruppe anschließen. Der Zen-Lehrer fragte: „Und was bringt dich hierher?"

Der Besucher antwortete: „Ich suche nach Ruhe."

Der Lehrer antwortete ihm: „Nur damit kein Missverständnis aufkommt. Das Meditationszentrum ist kein friedliches Refugium, sondern ein Hochofen, in dem egoistische Täuschungen in Flammen aufgehen. Bist du darauf vorbereitet?"

Reinigung

Eine Schülerin fragte ihren Meister: „Wie werden wir unsere Anhaftungen und verschiedenen Unreinheiten los?"

Der Lehrer lachte und sagte: „Eines musst du wissen – im Grunde werden wir nie etwas los. Wir brauchen nicht unsere ganzen neurotischen Tendenzen aufzugeben, müssen uns aber ihre komische Seite bewusst machen. Dann gehören sie einfach zum Spaß am Leben, zum Spaß am Zusammenleben mit Anderen. Die Menschen haben alle einen Stich – und wir natürlich auch!"

Erleuchtung

Ein Wahrheitssuchender hatte einen langen Weg zurückgelegt, um einen Zen-Meister zu besuchen. Nach seiner Ankunft verbeugte er sich vor dem Meister und fragte: „Wo kann man Erleuchtung finden?"

„Im Hier und Jetzt", antwortete der Meister.

Der Wahrheitssuchende war noch nicht überzeugt: „Wie kommt es dann, dass ich ihr noch nicht begegnet bin?"

„Weil du nicht nach ihr geschaut hast", sagte der Meister.

Der Wahrheitssuchende sagte verblüfft zum Meister: „Nun suche ich doch schon mein ganzes Leben und habe sie doch noch immer nicht gefunden."

Ruhig entgegnete der Meister: „Dann hast du nicht richtig nach ihr gesucht. Denn wenn du schaust, siehst du die Welt durch die Linse des Ich. So kannst du sie natürlich nicht finden."

Den Namen des Buddha rezitieren

Ein Zen-Lehrer hielt im New Yorker Chinatown eine Vortragsreihe über den Buddhismus. Eine seiner Zuhörerinnen – eine ältere Dame – war eine glühende Anhängerin des *Pure Land*-Buddhismus. Viele *Pure Land* Buddhisten glauben, dass sie in einem „reinen Land" (oder einem Paradies im westlichen Sinne) wiedergeboren werden können, wenn es ihnen gelingt, im Augenblick des Todes ihre Gedanken auf Buddha auszurichten und seinen Namen zu rezitieren.

„Meister", fragte die alte *Pure Land*-Anhängerin, „eine Sache lässt mich nicht in Ruhe – der Augenblick des Todes ist mit Schmerzen verbunden. Wie kann ich mich da auf den Buddha konzentrieren und seinen Namen rezitieren?"

„Machen wir uns nichts vor", antwortete der Zen-Lehrer, „die Anhaftung an eine Ich-Vorstellung und ein Paradies sind es ja gerade, die der Hoffnung auf eine wirkliche Befreiung im Wege stehen."

Wie lange dauert es wohl?

Ein eifriger Zen-Schüler fragte seinen Meister: „Wie lange wird es wohl dauern, bis ich erleuchtet werde?“

„Na, ich denke mal, zehn Jahre“, sagte der Meister gelassen.

„Aber Meister, ich kann keine zehn Jahre warten“, sagte der Schüler. „Ich bin bereit, hart dafür zu arbeiten. Ich will jeden Tag praktizieren und acht Stunden täglich meditieren. Ob ich so wohl schneller ans Ziel kommen kann?“

Der Meister stieß einen Seufzer aus: „Dann wird es wohl eher zwanzig Jahre dauern.“

Zen und das Christentum

Die Welt als ein einziger Garten

Eine christliche Zen-Schülerin kam zu ihrem Lehrer und sagte: „Meister, wie kann ich Mitgefühl für alle Menschen entwickeln? Wenn ich eine Prostituierte auf der Straße sehe, empfinde ich kein besonderes Mitgefühl mit ihr; wenn mich ein Typ anschnorren will, gehe ich ihm aus dem Weg, und wenn ein Polizist von Gangstern angeschossen wird, macht mich das wütend. Wie kann ich gegenüber Verbrechern, Nutten und Pennern Mitgefühl entwickeln?"

Lächelnd erwiderte der Meister: „Mach dir erst mal keine Gedanken, wie du Mitgefühl pflegst. Sobald du sehen gelernt hast, kommt es von allein."

„Was meint Ihr mit ‚sehen', Meister? Könnt Ihr etwas anderes als ich sehen?", fragte die Schülerin.

„Gute Frage!", antwortete der Meister. „Wenn ich eine Prostituierte sehe, sehe ich mich in ihr. Wie alles andere auch ist Prostitution ein Produkt von Angebot und Nachfrage. Hast du dir einmal überlegt, warum es Prostitution vor allem in armen Ländern gibt? Weißt du, dass ihre Kunden meist reich sind und aus den Industrieländern kommen? Warum kommen diejenigen, die Prostitution in Anspruch nehmen, hauptsächlich aus Amerika und Japan und die Prostituierten sind meistens arme Mädchen aus Thailand, den Philippinen, Korea und Osteuropa? Prostitution ist das Produkt unserer globalisierten Wirtschaft. So gesehen, spielen du und ich darin eine Rolle, ob wir uns dessen bewusst sind oder nicht. Wenn ich eine Prostituierte sehe, sage ich mir: Sie ist, was sie ist, weil ich bin, was ich bin. Das hat uns Buddha mit seiner *Lehre von der gegenseitigen Abhängigkeit* gelehrt. Mit welchem Recht schaue ich auf Prostituierte, Stripper usw. herab? Wir haben einander geschaffen, wir hängen alle miteinander zusammen und tragen die Verantwortung gemeinsam. Die Welt ist ein einziger Garten, ein Ökosystem."

„Und wie ist es mit dem Gangster, der auf Polizisten schießt? Habt Ihr mit dem auch Mitgefühl?", fragte die Schülerin weiter.

„Ja", antwortete der Meister. „Wenn ich einen solchen Gangster anschaue, dann sehe ich ein Kind, das in einer kaputten Familie aufgewachsen ist, in einer Gegend, in der es die Nachbarn an Würde und Achtung füreinander fehlen ließen. Ich sehe jemanden, der nie ein positives Vorbild hatte, und sehe das Elend, das über seinem ganzen Leben steht. Ich sehe auch mich als jemanden, der dazu beigetragen hat, die Welt zu schaffen, in der er aufgewachsen ist."

„Das ist eine tiefgründige Lehre, Meister", sagte die Schülerin. „Ich bin als Christin groß geworden. Im Christentum wird Mitleid zwar groß geschrieben, aber man hat mir nicht beigebracht, tiefer zu schauen."

„Diese Überlieferung gibt es im Christentum aber auch", sagte der Meister. „Hat Jesus nicht gesagt: ‚Was ihr getan habt dem geringsten meiner Brüder, das habt ihr mir getan?'"

Ein Weizenkorn

Ein christlicher Zen-Schüler blieb an einer Bibelstelle hängen, die er nicht verstand. Dort stand: „Wenn das Weizenkorn nicht in die Erde fällt und erstirbt, so bleibt's allein; wenn es aber erstirbt, so bringt es viel Frucht. Wer sein Leben lieb hat, der wird's verlieren …" Der Schüler fragte seinen Lehrer: „Warum soll man das Leben nicht lieb haben? Und was ist am Sterben so großartig? Klingt das nicht alles nach Nihilismus und negativem Denken?"

„Ach", antwortete der Lehrer, „so kann man eine Weisheit auf den Kopf stellen. Man darf schon sein Leben lieb haben, solange es nicht zu einer Krankheit umschlägt und einen daran hindert, dieses Leben auch wirklich zu leben."

„Und was hat es mit dem Sterben auf sich?", wollte der Schüler wissen.

„Alt werden und Sterben gehören dazu", fuhr der Lehrer fort. „Das sind natürliche Vorgänge und Jesus preist das Weizenkorn nicht, weil es stirbt, sondern weil es den natürlichen Vorgang hinnimmt. Nur wer den Tod als Teil des Lebens umfassen kann, kann wirklich leben."

Verzeihen

Auf einer Konferenz zwischen den Religionen erklärte ein christlicher Pfarrer der Gruppe, einer der Hauptunterschiede zwischen Buddhismus und Christentum läge darin, dass nach der Lehre des Buddhismus die Hauptschwierigkeit des Menschen seine Unwissenheit sei, nach der Lehre des Christentums aber die Sünde.

Ein Zen-Lehrer widersprach und fragte den Pfarrer: „Als Jesus am Kreuz hing, bat er seinen Vater, denen zu vergeben, die ihn gekreuzigt hatten. Wie begründete er diese Bitte?"

„Denn sie wissen nicht, was sie tun", antwortete der Pfarrer.

„Das ist doch Unwissenheit, oder?", fragte der Zen-Lehrer.

„Kann sein", entgegnete der Pfarrer, „aber nicht alle Sünde gründet sich auf Unwissenheit. Als die *Enron*-Direktoren die Firma und die Allgemeinheit betrogen, so wussten sie sehr wohl, was sie taten."

„Was aber auch sie nicht wussten", sagte der Zen-Lehrer, „ist, dass all das gestohlene Geld ihnen auch kein Glück kaufen kann."

Das Leben nach dem Tod

Bei einem Gespräch zwischen den Religionen fragte ein Christ einen Zen-Lehrer: „Was hat Buddha über das Leben nach dem Tode gesagt? Und was hatte Jesus dazu zu sagen?"

Der Zen-Lehrer antwortete: „In der Regel schwieg der Buddha weise über alles Metaphysische. Diese Fragen bezeichnete er als ‚der Erbauung abträglich'. Die Hauptsorge des Buddha war das Leid der Menschen. Was können wir tatsächlich über das Leben nach dem Tode aussagen, ohne uns in Spekulationen zu verlieren? Konfuzius hat einen ähnlichen Standpunkt vertreten. Als man ihn nach dem Leben nach dem Tode fragte, gab er zurück: ‚Wir wissen nicht einmal genug über die Lebenden. Warum sollen wir uns den Kopf darüber zerbrechen, was nach dem Tode kommt?"

Der Christ aber ließ nicht locker und sagte: „Aber wir Christen wissen genau, was uns nach dem Tod erwartet."

„Ach ja?", fragte der Zen-Lehrer zurück. „Ich bin auch im christlichen Glauben aufgewachsen und erinnere mich an eine Geschichte, in der die Sadduzäer Jesus nach der Auferstehung fragten. Jesus antwortete ihnen: ‚Habt ihr zur Auferstehung von den Toten nicht gelesen, dass Gott sagt: ‚Ich bin der Gott Abrahams, Isaaks und Jakobs. Er ist nicht der Gott der Toten, sondern der Lebenden.' Diese Antwort kommt Konfuzius doch recht nahe. An Ihrer Stelle würde ich mich eher um das Leben vor als nach dem Tode kümmern, denn hier kann man doch etwas tun."

Maria Magdalena

Ein Zen-Schüler beschäftigte sich eingehend mit der Bibel. Besonders staunte er, als er von einer Frau mit einem Alabastergefäß las, die Jesu Füße mit einer teuren Salbe einrieb, die so viel kostete, wie ein Arbeiter im Jahr verdiente. Selbst die Jünger Jesu waren erbost über diese Frau und meinten, das Geld hätte sie lieber für die Armen ausgeben sollen, statt diese teure Salbe zu kaufen.

„Warum war Jesus einverstanden mit dem, was diese Frau getan hat?", fragte der Schüler seinen Meister.

„Jesus hat nicht die Verschwendung gutgeheißen. Es ging ihm darum, dass diese Frau jemandem, den sie liebte, einfach alles geben wollte, auch wenn man ihr Vorwürfe machte und sie verspottete. Wer von uns kann es an Mut und Wahrhaftigkeit mit ihr aufnehmen?"

Jesus und die kleinen Kinder

Ein Zen-Schüler, der sich mit Jesu Lehre gut auskannte, fragte einst seinen Lehrer: „Warum hat Jesus eigentlich gesagt, dass wir niemals ins Reich Gottes kommen können, wenn wir nicht werden wie die Kinder?"

„Ganz einfach", antwortete der Lehrer. „Kleine Kinder haben keine Angst, zu fallen. Es macht ihnen auch nichts aus, wenn sie sich zum Narren machen. Wer glücklich sein will, kann von den kleinen Kindern lernen."

Das Senfkorn

Bei einem Treffen verschiedener Religionen traf ein Christ auf einen Zen-Meister. Der Christ erzählte dem Zen-Meister, wie Jesus Lazarus von den Toten auferweckte, und wollte von dem Meister wissen, ob es in der buddhistischen Überlieferung ähnliche Wunder gebe.

Der Meister sagte: „Nein, aber wir haben eine Geschichte, in der der Buddha eine Frau heilt, die ihren Sohn verloren hat. Die Frau hieß Kisa Gotami. Sie war eine arme Waise, der es aber irgendwie gelungen war, in eine reiche Familie einzuheiraten. Nun starb ihr einziges Kind, ihr kleiner Sohn. Das traf sie so tief, dass sie den Verstand verlor und den kleinen Leichnam mit sich durch die Stadt trug. Sie bat die Menschen um Medizin, und einige mitfühlende Menschen schickten sie zum Buddha."

„Und was geschah dann? Konnte ihr der Buddha helfen?", fragte der Christ.

„Der Buddha trug ihr auf, von Haus zu Haus zu gehen und um heilkräftige Senfkörner zu bitten. Eine Bedingung musste allerdings erfüllt sein – die Senfkörner waren nur wirksam, wenn sie aus einem Haus kamen, in dem noch nie ein geliebter Mensch gestorben war."

„Hat sie ein solches Haus gefunden?", erkundigte sich der Christ.

„Nein", antwortete der Meister. „Kisa ging von Tür zu Tür und suchte den ganzen Tag nach diesem Heilmittel. Am Abend ließ sie sich erschöpft vom vielen Wandern am Wegrand nieder. Das Heilmittel aber, das sie brauchte, hatte sie nicht gefunden."

„Also konnte ihr der Buddha doch nicht helfen", sagte der Christ.

„Das stimmt auch nicht", entgegnete der Meister. „Man sagt, dass Kisa gänzlich erleuchtet wurde."

„Wie das?", rief der Christ ungläubig. „Ihr sagt doch, sie hat nichts gefunden."

Der Meister lächelte und sagte: „Ja und nein. Als Kisa darüber nachdachte, was sie auf ihrer Suche erlebt hatte, wurde ihr klar, dass es keine Familie gab, die nicht ein Kind, einen Ehepartner, ein Elternteil oder einen Freund verloren hätte. Sie hatte den Schmerz in den Augen der Menschen sehen können und war davon tief bewegt. Der Kummer der anderen half ihr in überraschender Weise auf ihrem

Weg. Durch ihr Mitgefühl erreichte sie Erleuchtung."

„Dann wurde Kisa also geheilt?", fragte der Christ.

„Ja", antwortete der Meister. „Heilung erreichen wir nicht, wenn wir gegen die Wirklichkeit ankämpfen, sondern wenn wir sie annehmen."

Gesellschaft

Ein Bibelstudent war schwer erschüttert, als er an eine der „harten Stellen“ im Evangelium kam und wandte sich hilfesuchend an seinen Zen-Lehrer, der sich sowohl in der christlichen Tradition als auch im Zen auskannte: „Was kann Jesus gemeint haben, als er sagte: ‚Wenn jemand zu mir kommt und hasst nicht seinen Vater, Mutter, Frau, Kinder, Brüder, Schwestern und dazu sich selbst, der kann nicht mein Jünger sein.‘ Heißt es nicht in den Zehn Geboten ‚Du sollst deinen Vater und deine Mutter ehren‘?“

„Das ist eine gute Frage“, antwortete der Zen-Lehrer. „Wer Jesu Worte wörtlich nimmt, ist sicherlich auf dem Holzweg. Was bedeuten denn für dich diese Worte: Vater, Mutter, Frau und Kinder?“

Der Student wusste nicht, worauf der Lehrer hinaus wollte.

„Das ist nicht so schwer zu begreifen“, sagte ihm der Lehrer, „damit ist die Gesellschaft als Ganzes gemeint. Vor allem ‚Vater‘ verkörpert Autorität und steht für die Dinge, die die Gesellschaft uns für wahr zu halten gelehrt hat. Und doch sind viele Menschen durch die Prägung durch ihre Gesellschaft unglücklich geworden."

„Und was sollen wir tun? Die Gesellschaft ablehnen und rebellieren?", fragte der Student.

„Das ist nicht notwendig", antwortete der Lehrer, „es genügt, einfach alles, was man uns lehrt, in Frage zu stellen. Nimm etwas erst an, wenn du dich selbst überzeugt hast, dass es wahr ist."

„Dann kommt aber die Stelle mit den Jüngern. Jünger kann man doch nur sein, wenn man einer Sache oder einem Menschen folgt?" – Der Student wollte es ganz genau wissen.

„Hör mir gut zu", sagte der Lehrer. „Ein wahrer Meister will keine Nachläufer als Jünger. Jünger sein heißt nicht, unkritisch eine Lehre annehmen, sondern leidenschaftlich nach der Wahrheit suchen."

Sehet die Vögel

Ein christlicher Zen-Schüler las gerade die Bergpredigt und fragte seinen Lehrer: „Jesus hat zu seine Jüngern gesagt, sie sollten die Vögel unter dem Himmel anschauen und sehen, wie der Vater im Himmel sie nährt, obwohl sie nicht säen oder ernten. Spricht er damit nicht der Faulheit das Wort? Wenn Gott für uns sorgt, brauchen wir doch eigentlich gar nicht zu schuften."

Der Lehrer entgegnete: „Bist du denn ein Vogel?"

Der Schüler musste lachen.

„Als Jesus zu seinen Schülern sagte, sie sollten die Vögel anschauen", fuhr der Lehrer fort, „da ging es ihm nicht darum, dass sie nichts tun sollten. Die Vögel haben ihre Aufgaben und die Menschen die ihren. Es geht darum, dass jeder den Blick auf das richtet, was er zu tun hat, und sich nicht den Kopf über Dinge zerbricht, die er nicht beeinflussen kann. Wer das kann, hat den ersten Schritt zur Kunst des Lebens getan."

Richtet nicht

Ein christlicher Zen-Schüler hatte folgende Frage: „Warum hat Jesus seinen Jüngern befohlen, nicht zu richten? Im täglichen Leben kommt man doch um ein eigenes Urteil nicht herum."

Der Lehrer antwortete: „Da hast du Jesus missverstanden. Er hat nicht gemeint, dass wir uns jeden Urteils enthalten sollten. Wenn wir aber unsere Spiritualität üben, ist eine urteilende Haltung oft hinderlich."

„Inwiefern?", fragte der Schüler.

„Wer mit Urteilen beschäftigt ist, hat keine Zeit zum Beobachten", erläuterte der Lehrer. „Wer aber sich selbst und anderen gegenüber nachsichtig ist und sich mit seinem Urteil zurückhält, erfährt womöglich etwas über sich selbst."

Über die Schutzlosigkeit

Ein berühmter chinesischer Gelehrter unterhielt sich mit seinem amerikanischen Freund über Religion. „Stimmt es, dass es in China keine Religion gibt, die dem Menschen Erlösung verspricht?", fragte er.

Der Gelehrte entgegnete: „Eine Religion kann beruhigen, indem sie auf alle Fragen des Lebens eine Antwort bereithält. Damit lenkt sie aber auch vom unergründlichen Geheimnis des Lebens und seiner tiefen, bewegenden Traurigkeit ab, die in der Poesie liegt. Der Optimismus des Christentums zerstört alle Poesie."

Es gibt also keine „Erlösung" im Zen. Wer sich im Zen übt, ist bereit, mit dem Geheimnis und der Ungewissheit des Lebens zu leben. Es kann sein, dass er in dem Augenblick, in dem er auf die Illusion einer Erlösung verzichtet, eine Tür öffnet zum Erkennen und Akzeptieren der eigenen Persönlichkeit.

Vielleicht hat Jesus das im Sinn gehabt, als er sagte: „Die Füchse haben Gruben, und die Vögel unter dem Himmel haben Nester, aber des Menschen Sohn hat nicht, da er sein Haupt hinlege."

Wahre Liebe

Ein christlicher Zen-Schüler las in der Bibel die Worte Jesu: Er lässt die Sonne aufgehen über Gerechte und Ungerechte und lässt es regnen über Böse und Gute. Dies verwirrte ihn und er wandte sich an seinen Lehrer: „Meister, das kann ich nicht verstehen. Heißt das nicht, dass es völlig gleichgültig ist, ob man gut oder böse ist? Das kann doch nicht sein!"

Der Lehrer sagte lächelnd: „Ich glaube, das hast du in den falschen Hals bekommen. Es geht hier nicht um Moral. Es geht um Liebe. Wahre Liebe belohnt nicht Wohlverhalten, und man kann sie auch nicht verdienen."

Jesus und Buddha

Ein Zen-Lehrer lehrte, dass Jesus und der Buddha der Welt im Wesentlichen dasselbe mitzuteilen hatten. Davon hörte ein Christ, der den Buddhismus ein wenig studiert hatte. Er ging zu dem Lehrer, um ihm zu widersprechen.

„Meister", sagte er, „Buddha hat gelehrt, dass die Quelle allen Leidens in der Anhaftung liegt. Jesus aber hat nichts dergleichen gelehrt – er hat überhaupt nichts zur Anhaftung gesagt. Wie könnt Ihr da behaupten, dass Jesus und Buddha das Gleiche gelehrt hätten?"

Der Zen-Lehrer antwortete lächelnd: „Hat Jesus nicht gesagt, es sei leichter für ein Kamel, durch ein Nadelöhr zu schlüpfen, als dass ein reicher Mann ins Reich Gottes käme?"

„Ja", sagte der Christ, „was hat das damit zu tun?"

Nun fragte der Zen-Lehrer: „Heißt das, das alle Reichen verdammt sind?"

„Nein", entgegnete der Christ, „im Reich Gottes werden die Reichen nicht diskriminiert."

„Gut", sagte der Zen-Lehrer, „dann sind die Reichen, von denen Jesus spricht, wohl im übertragenen Sinn zu verstehen. Die ‚Reichen' kommen nicht ins Reich Gottes, weil sie zu viel Gepäck mit sich herumschleppen – gleichgültig, ob dies Gepäck nun aus Ruhm, Wissen oder irdischen Gütern besteht."

Beten in der Öffentlichkeit

Ein christlicher Zen-Schüler diskutierte mit seinen Freunden, was von öffentlichen Gebeten zu halten sei. Da er sich selbst keine rechte Meinung bilden konnte, fragte er seinen Meister um Rat.

„Hat Jesus nicht zu seinen Jüngern gesagt, sie sollten im stillen Kämmerlein zu ihrem Vater beten?“, fragte der Lehrer.

„Das habe ich wohl gelesen“, antwortete der Schüler, „aber ich verstehe es eigentlich nicht. Warum sollte man nicht in der Öffentlichkeit beten dürfen? Die Menschen beten doch auch in der Kirche gemeinsam, und was bedeutet es ‚zu seinem Vater, der im Verborgenen ist, zu beten‘? Was ist denn so verborgen daran?“

Der Lehrer lächelte und zwinkerte ihm zu: „Wo ist der verborgenste Platz auf der Welt?“

Der Schüler war ratlos.

„Kein Platz ist so verborgen wie das Herz des Menschen. Wenn du mit dem Vater sprechen willst, so kannst du es nur dort tun.“

Hasset eure Feinde!

Ein christlicher Zen-Schüler kam mit einer Bibelstelle nicht zurande und sprach mit seinem Lehrer darüber. „Aus mir wird nie ein guter Christ", sagte er. „Jesus hat uns gelehrt, unsere Feinde zu lieben und für die zu beten, die uns verfolgen. Es fällt mir schwer, das in die Tat umzusetzen, erst recht nach dem Anschlag vom 11. September."

„Ehrlichkeit weiß ich zu schätzen", antwortete der Zen-Meister. „Es ist schwer und ich glaube, dass auch der Buddhismus keine einfache Lösung parat hat. Buddha hat im Wesentlichen das Gleiche gelehrt, als er sagte: ‚Hass hat sich noch nie durch Hass überwinden lassen, sondern nur durch Liebe.' Das ist eine ewig gültige Wahrheit."

„Wer kann so etwas aber umsetzen?", regte der Student sich auf. „Das ist doch der Gipfel des Idealismus – das ist jedenfalls nicht durchführbar."

„So?", erwiderte der Meister gelassen. „Dann wollen wir mal die Gegenposition beziehen. Wir hassen unsere Feinde und wünschen ihnen den Tod. Wir nehmen die Dinge selber in die Hand und töten die Bösewichte. Deren Freunde und Verwandte werden sich dann an uns rächen wollen. Was ist an einer solchen Lösung praktisch? Wie soll ein solcher Teufelskreis enden? Hat Hass in Nordirland oder dem Nahen Osten auch nur ein Problem lösen können?“

Dem Schüler verschlug es die Sprache.

Der Meister seufzte: „Jesus und Buddha waren die größten Pragmatiker, die es je gegeben hat, und ausgerechnet sie bezeichnet man als Idealisten. Wann wird die Welt endlich aufwachen?“

Zen und der Sonntag

Ein Zen-Meister, der sozial engagierten Buddhismus lehrte, verlangte von seinen Schülern, sich über aktuelle Ereignisse auf dem Laufenden zu halten und sie miteinander zu diskutieren. Eines Tages brachte ein Schüler einen Zeitungsartikel mit dem Titel „Sport oder Sonntag?“ zur Gruppendiskussion. Darin wies Papst Johannes Paul II. darauf hin, dass der Sonntag Gott vorbehalten sei und man auf weltliche Zerstreuungen wie Kino, Theater und Sport verzichten sollte. In der Diskussion schlugen die Wellen hoch.

„Was mischt sich der Heilige Vater in mein sonntägliches Fußballvergnügen ein?“, rief ein Schüler.

„Stimmt“, sagte ein Anderer. „Warum an etwas rühren, was vielen Menschen so viel Freude macht?“

„Na, da hat der Papst ja vielleicht etwas angerichtet“, spottete ein Dritter. „Er wagt es tatsächlich, den heiligen Fußball anzugreifen.“

Als der Meister die Aufregung hörte, schaltete er sich in die Diskussion ein und sagte:

„In einem hat der Papst allerdings Recht. Der Alltag ist heutzutage zu hektisch. Wir sind zwar als Buddhisten nicht an einen Sonntag gebunden, aber als Menschen brauchen wir alle Zeit zum Ausruhen und Nachdenken. Das ist vielleicht das Entscheidende am Sonntag. Außerdem muss auch die Gemeinschaft gepflegt werden."

„Muss man aber deshalb an einem bestimmten Wochentag ausruhen und nachdenken?", fragte ein Schüler. „Ich reserviere jeden Tag etwas Zeit für die Meditation."

„Darin gebe ich dir Recht", antwortete der Meister. „Es muss nicht ein bestimmter Tag sein. Es geht darum, zu erkennen, wie wichtig es ist, sich Zeit zum Stillsein, Ausruhen und Nachdenken zu nehmen. Leider wird in unserer Gesellschaft das Nichtstun als unproduktiv angesehen und nur ein Leben, das randvoll mit Aktivitäten gefüllt ist, gilt als produktives Leben. Das ist jedenfalls Unsinn."

Zen paradox

Dünnwandige Teetassen

Ein Schüler fragte seinen Zen-Meister, warum die Japaner ihre Teetassen so dünn und zart machen. „Wenn die Tassen etwas dicker wären", meinte er, „würden sie nicht so leicht zerbrechen."

Der Zen-Meister lächelte nur und antwortete: „Nicht die Tassen sind zu zart, sondern wir müssen lernen, mit ihnen umzugehen. Wir müssen uns an unsere Umgebung anpassen, nicht umgekehrt."

Mehl und Salzteig

Der inzwischen verstorbene Dr. Heng Yu Li war ein Vorkämpfer für die Modernisierung des chinesischen Buddhismus. Lange Zeit hielt er Dharma-Vorträge in Flushing in New York und erläuterte den Einheimischen die buddhistischen Traditionen in einer modernen Sprache, ohne viele Fachausdrücke. Dabei verglich er gern die buddhistische Lehre mit der chinesischen Kunst des Figurenmachens aus Salzteig. Aus Mehl kann der Künstler eine menschliche Gestalt formen, ein Pferd, einen Drachen oder einen Vogel. Nur das Mehl selbst lässt sich nicht durch Mehl abbilden. Es gibt wohl Menschen, Pferde und Drachen aus Mehl, aber kein Mehl aus Mehl!

Darin liegt vielleicht die eigentliche Erkenntnis vieler Zen-Lehrer verborgen. Worte und Bilder sind nur von begrenztem Nutzen, denn die Wahrheit des Zen lässt sich nicht in Worte fassen – nicht weil sie zu vielschichtig wäre, sondern weil sie so einfach ist.

Lass wirklich los!

Einst besuchte ein Mönch einen Zen-Meister und fragte ihn: „Was würdet Ihr tun, nachdem Ihr alles aufgegeben habt?“

Der Meister antwortete: „Loslassen!“

Das verstand der Mönch nicht und fragte wieder: „Was kann ich denn noch loslassen, wenn ich schon alles aufgegeben habe?“

Der Meister sprach: „Gut, dann tu es auch!“

Nun war der Mönch völlig verwirrt und entgegnete: „Was soll ich tun, wenn ich doch schon alles aufgegeben habe?“

Augenzwinkernd erwiderte der Mönch: „Die Vorstellung aufgeben, dass du nichts hast!“

Alltägliches

Ein Zen-Schüler beschwerte sich bei seinem Meister: „Seit ich hergekommen bin, um von Euch zu lernen, habt Ihr mir nicht einmal den rechten Weg gezeigt."

Der Meister antwortete: „Ich habe seitdem nichts anderes getan."

„Und was genau habt Ihr mich gelehrt?", fragte der Schüler.

Der Meister erklärte in aller Ruhe: „Denk einmal darüber nach. Wenn du mir Tee bringst, trinke ich ihn, und wenn du mir Reis bringst, esse ich ihn. Verbeugst du dich vor mir, nicke ich dir zu. Zeige ich dir so nicht unablässig den Weg? Wie kommst du darauf, dass ich dich nichts gelehrt habe?"

Der Schüler wurde sehr nachdenklich.

Der Meister fuhr fort: „Wenn du Erleuchtung erfährst, so geschieht das von einem Augenblick zum anderen. Musst du aber erst nachdenken, dann heißt das, du bist noch nicht so weit!"

Daraufhin wurde der Schüler erleuchtet und fragte den Meister: „Wie kann ich den Zustand der Erleuchtung aufrecht erhalten?"

Lächelnd antwortete der Meister: „Nichts ist leichter! Folge deinem natürlichen Wesen und nimm die Dinge gelassen. Bewahre die Geisteshaltung des Alltäglichen und unterscheide nicht zwischen dem Weisen und dem gemeinen Mann.“

Die Macht der Machtlosigkeit

Ein Zen-Meister hatte seine Schüler gelehrt, dass man von allem lernen kann, was einem im Leben begegnet, auch von Erfahrungen, die man am liebsten vermeiden möchte. Nun war einer seiner Schüler alkoholabhängig. Er fragte den Meister, was er aus seinem Alkoholismus lernen könnte.

„Wie lautet der erste Schritt im Zwölf-Schritte-Programm der Anonymen Alkoholiker?", fragte der Meister.

„Wir müssen uns eingestehen, dass wir keine Macht über den Alkohol haben", antwortete der Student.

„Richtig", versetzte der Meister. „Jede Sucht bringt die Gabe der Erkenntnis der eigenen Machtlosigkeit mit sich. Nur wer sich darüber im Klaren ist, sucht nach Hilfe von einer höheren Macht."

Alles ist besonders gut

Ein Zen-Mönch, der schon lange praktizierte, konnte nicht zur Erleuchtung gelangen. Eines Tages ging er über den Markt und hörte ein Gespräch zwischen einem Metzger und seinem Kunden.

„Ich hätte gern ein besonders gutes Stück!", verlangte der Kunde.

„Gewiss", entgegnete der Metzger, „in meinem Laden gibt es nur besonders gute Stücke."

Als der Mönch dies hörte, wurde er sofort erleuchtet.

Das Floß

Viele der großen Weltreligionen sagen von sich, dass sie tiefe Wahrheit enthalten. Bei einer Konferenz verschiedener Weltreligionen sollte ein Zen-Lehrer die buddhistische Vorstellung von der Wahrheit erläutern, und der Lehrer trug die berühmte Parabel vom Floß vor: „Es war einmal ein Mann, der auf Reisen ging. Er kam an einen Fluss, aber es gab weit und breit kein Boot zum Übersetzen. Nun sah er, dass auf seiner Seite des Flusses viele Gefahren lauerten, vor denen er am anderen Ufer sicher war. Also beschloss er, aus Holz, Gras, Ästen und Blättern ein Floß zu bauen. Er erreichte damit das andere Ufer und sprach zu sich selbst: ‚Dieses Floß hat mir gute Dienste erwiesen. Ich will es von nun an überallhin mitnehmen.'" Der Zen-Lehrer fragte die Vertreter der anderen Religionen: „Handelt dieser Mann sinnvoll?"

Alles lachte.

Der Zen-Lehrer fuhr fort: „So betrachtet der Buddha die Wahrheit – man braucht sie, um den Fluss zu überqueren, aber nicht, um sie mit sich herumzutragen."

„Also gibt es im Buddhismus keine Wahrheit?“, fragte ein Teilnehmer.

„Es kommt darauf an, was du darunter verstehst“, antwortete der Zen-Lehrer. „Im Buddhismus hängt die Wahrheit vom Augenblick ab – ist also situationsbedingt und nicht absolut.“

Große Anhaftung

Ein Zen-Schüler trieb seine Zen-Praxis mit solchem Eifer, dass er sein Haus verkaufte, sich von seiner Frau scheiden ließ und Mönch wurde. Nur seinen Zen-Meister ließ dies alles kalt.

„Glaubt Ihr nicht, dass es nur wenige gibt, die es mit ihm an Entschlossenheit aufnehmen?“, fragte ein anderer Schüler.

„Das stimmt“, entgegnete der Meister, „aber er gibt euch anderen kein gutes Rollenmodell, denn er hat eine große Anhaftung – an die Leerheit.“

Alles ist vollkommen

Ein Schüler bat seinen Zen-Lehrer, ihm etwas über Vollkommenheit zu erzählen.

„Alles ist vollkommen“, sagte der Meister. „Unvollkommenheit ist nur eine Illusion des Ich.“

Der Schüler wusste nicht, was er denken sollte, und fragte nach: „Wenn dem so ist – woran sollen wir dann arbeiten?“

„Ach“, lachte der Meister, „es gibt aber noch viel zu verbessern.“

Das einfache Leben

In einem Zen-Gespräch fragten Schüler ihren Meister, was Einfachheit bedeute. Ein Schüler zeigte ihm einen Katalog mit dem Titel „Einfaches Leben". „Geht es dabei um umweltfreundliche Produkte?", fragte er.

„Nein", antwortete der Meister. „Einfachheit kann man nicht kaufen."

„Geht es um ein Leben der Enthaltsamkeit oder der Askese?", fragte ein anderer Schüler.

„Nicht eigentlich", sagte der Meister.

„Hat es mit Stille und Einsamkeit zu tun?", wollte ein Dritter wissen.

„Einfachheit ist ein Geisteszustand", erklärte der Meister der Gruppe. „Man muss wissen, wann man aufhören muss, Dinge zu sammeln. Genau wie beim Sex kann es manchmal des Guten zu viel werden. In der Wohlstandsgesellschaft ist weniger manchmal mehr."

Der Klang einer einzigen Hand beim Klatschen

Bei einem Buddhistentreffen wurde ein Zen-Lehrer nach der Bedeutung des berühmten Koans gefragt, welchen Klang eine einzige klatschende Hand hervorbringt. „Kann man mit einer Hand überhaupt klatschen?", dachte jemand laut nach, der sich schon lange mit diesem Koan befasst hatte.

Der Lehrer lachte und sagte: „Dass die alten Scherzfragen immer noch ziehen! Kann es auf ein solches Koan überhaupt eine Antwort geben? Es geht darum, sich nicht lange mit Grübeln aufzuhalten, sondern mit dem Leben zu beginnen."

Die Ansprache des Vogels

Eines schönen Morgens wollte ein Zen-Meister vor seinen Schülern eine Ansprache halten, und als er gerade anfangen wollte, kam ein kleiner Vogel und ließ sich auf der Fensterbank nieder. Dort begann er zu singen und bezauberte seine Zuhörerschaft. Nachdem der Vogel geendet hatte, erklärte der Meister seinen Schülern: „Das wäre die Ansprache für heute."

„Hattet Ihr Eure Rede nicht schon vorbereitet – und nun wollt Ihr sie nicht halten?", fragte ein Schüler.

Der Meister antwortete: „Wozu den Köder auswerfen, wenn wir den Fisch schon haben?"

Die Dinge sehen, wie sie sind

Ein Student des Buddhismus richtete an einen Zen-Lehrer folgende Frage: „Im Buddhismus ist oft die Rede davon, ‚die Dinge so zu sehen, wie sie sind'. Nun gibt es in der Praxis des Achtfachen Pfades auch ‚rechtes Sehen'. Woher weiß ich denn, ob ich die Dinge so sehe, wie sie sind, und wie stelle ich fest, ob eine bestimmte Ansicht richtig ist?"

Der Lehrer antwortete: „Das ist viel einfacher, als du glaubst. Versetz' dich in die Rolle eines Schulkindes, das seine Mathematik-Hausaufgaben erledigen soll. Es ist richtig, die Hausaufgaben einfach als Aufgaben zu betrachten, die erledigt werden müssen. Fängt man aber erst an zu stöhnen und zu jammern, wie beschwerlich sie sind, dann sieht man die Dinge nicht, wie sie sind."

„Und wie kann ich mich im rechten Sehen üben?", fragte der Student.

„Indem du dir bewusst machst, wie stark deine Ansicht die Wirklichkeit formt", riet der Lehrer.

Loslassen

Ein sehr eifriger Zen-Schüler arbeitete immer mehr als alle anderen. Er las mehr Zen-Literatur als die anderen. Auch nahm er höchst gewissenhaft an allen Zen-Gesprächen teil und meditierte regelmäßig. Doch all dies trug ihm kein Lob des Meisters ein.

Diese scheinbare Gleichgültigkeit brachte den Schüler auf, sodass er es eines Tages nicht länger aushielt und seinen Lehrer fragte: „Meister, ich leiste mehr als alle anderen in der Zen-Praxis. Warum erkennt Ihr das einfach nicht an?“

Der Lehrer antwortete in aller Ruhe: „Den Weg zu praktizieren bedeutet nicht, dass man etwas anhäuft. Im Gegenteil, man soll loslassen und sich weniger vornehmen. Mit Bücherwissen, dem Anhören meiner Vorträge oder Meditation allein kommt man da nicht weiter!“

Sich dem Tao nähern

Ein Schüler, der die Mondo-Gespräche im Zen studierte, wusste nicht weiter und fragte seinen Lehrer: „Meister Nan Chuan hat gesagt: ‚Wenn du dich dem Tao näherst, verfehlst du es gewiss.‘ Warum denn das? Ich habe auch gelesen, dass man sich umso mehr vom Tao entfernt, je näher man ihm kommt. Könnt Ihr mir das erklären?“

Der Lehrer schmunzelte: „Das kann doch eigentlich gar nicht anders sein, denn wie kann man sich dem nähern, was man schon besitzt? Wer das versucht, muss ja vollkommen in die Irre gehen.“

Fortschritt

Eine Gruppe von Studenten des Buddhismus führte ein Gespräch mit einem Zen-Meister.

„Warum ist der geistige Fortschritt selbst für diejenigen so schwierig, die sich der Ausübung mit Leib und Seele verschrieben haben?“, fragten sie. „Ist es nicht eine hoffnungslose Angelegenheit?“

„Was ist das für ein Geist, der Fortschritt sehen möchte und nicht aufhört zu vergleichen?“, entgegnete der Meister. „Ist er nicht im Grunde das Ich? Lasst die Vorstellung vom Fortschritt einfach fallen. Dann vielleicht werdet ihr wirklichen Fortschritt erzielen – nämlich erst dann werdet ihr dem Beachtung schenken, was ist.“

Etwas fehlt

In New Yorks Chinatown lebte einst eine buddhistische Lehrerin, die weithin berühmt war für ihre Beredsamkeit, ihre Tatkraft, ihre Frömmigkeit und die strikte Einhaltung der buddhistischen Lebensregeln.

„Ist diese Frau nicht ein leuchtendes Vorbild für alle Wahrheitssucher?“, fragte ein Zen-Schüler seinen Meister.

„Gewiss, sie ist großartig“, antwortete der Meister. „Nur an einer Sache muss sie noch arbeiten – der Bereitschaft, zu akzeptieren, dass sie vielleicht einmal Unrecht hat. Die Anhaftung an die Gewissheit steht der Wahrheit im Wege.“

Liebe macht nicht blind

Am Valentinstag diskutierte eine Gruppe von Zen-Schülern darüber, ob Liebe und Zen vereinbar seien. „Das ist ausgeschlossen“, sagte ein Schüler. „Wir wissen doch alle, dass Liebe blind macht.“

Das hörte der Meister und sagte zu seinem Schüler: „Liebe macht nicht blind – ja es gibt nichts Hellsichtigeres als Liebe. Was blind macht, ist Anhaftung, nicht Liebe.“

„Was ist denn Anhaftung?“, wollte ein neuer Schüler wissen.

„Ein Zustand des Anklammerns, der aus dem Irrtum heraus entsteht, dass man etwas oder jemanden braucht, um glücklich zu sein.“

„Das ist ja interessant“, bemerkte der neue Schüler. „Im Westen sind wir davon überzeugt, dass Liebe und Anhaftung zusammengehören. Wie kann man denn sagen, man liebt jemanden, wenn man keine Anhaftung empfindet?“

„Ah“, antwortete der Meister, „genau da liegt das Problem! Wie kann man denn einen Menschen lieben, wenn man ihm anhaftet? Es ist noch keinem Menschen gelungen, seine Sucht zu lieben. Wer wirklich lieben will, muss das Nichtanhaften üben."

Das Papierschiffchen

Es war einmal ein König, der über ein großes Reich herrschte und dem es an nichts fehlte. Doch je älter er wurde, desto stärker wurde er von einer Unruhe ergriffen. „Was hilft es, ein solches Königreich zu besitzen, wenn ich doch am Ende sterben muss?", dachte er.

Der Gedanke an den Tod ließ dem König keine Ruhe und in seiner Ratlosigkeit wandte er sich an einen Zen-Meister, der als sehr weise galt. Der Meister lebte in einer Hütte an einem Bach. Als der König zu Besuch kam, veranstalteten gerade ein paar Kinder eine Papierschiffchenregatta. Die Schiffchen waren aus farbigem Faltpapier und als der Zen-Meister den König empfing, schwamm eine Flotte bunter Papierschiffchen den Bach hinab.

„Wie kann ich unsterblich werden?", fragte der König den Meister.

„Werdet zum Papierschiffchen und genießt die Fahrt!", antwortete der Meister.

Die Frage des kleinen Fisches

Vor langer Zeit kam einmal ein kleiner Fisch zur Welt, der wollte alles ganz genau wissen. Er fragte die anderen Fische nach der Sonne, dem Mond, den Bäumen und dem Himmel. Über all diese Dinge wussten die Fische auch gut Bescheid, bis der Fisch sie schließlich fragte: „Und was ist Wasser?“ Darauf wusste keiner der Fische eine Antwort.

Endlich kam der kleine Naseweis zu einem weisen alten Fisch. „Bitte erkläre mir das Wasser“, bat der kleine Fisch.

„Erklären kann ich es dir nicht“, sagte der alte Fisch, „aber du erlebst es ja gerade selbst.“

„Und warum kann ich’s dann nicht sehen?“, wollte der kleine Fisch wissen.

Der alte Fisch antwortete: „Werde du erst einmal so alt wie ich. Dann wirst du merken, dass man meist das nicht sieht, was einem am nächsten ist.“

Die Reifung der Pflaume

Ein Mönch mit Namen Dicke Pflaume kam zu Meister Ma Tzu und fragte ihn: „Was bedeutet Buddha?"

Ma Tzu entgegnete: „Buddha ist der Geist selbst." Daraufhin erlebte der Mönch Dicke Pflaume augenblicklich seine Erleuchtung.

Später ließ er sich in den Bergen nieder, und Ma Tzu schickte einen Mönch zu ihm, um ihn zu prüfen. Der Mönch fragte Dicke Pflaume: „Was hast du von Ma Tzu gelernt?"

Dicke Pflaume antwortete: „Er lehrte mich, dass der Geist selbst Buddha ist."

„Weit gefehlt!" sprach der Mönch. „Ma Tzu hat sich anders besonnen und lehrt nunmehr: ‚Ohne Geist kein Buddha'. Was sagst du dazu?"

Sofort kam die Antwort: „Dieser alte Mönch ist doch unverbesserlich! Immer macht er sich über andere lustig! Wen kümmert's, wenn er jetzt lehrt ‚Kein Geist, kein Buddha'?"

Der Besucher kehrte zu Ma Tzu zurück und erstattete ihm Bericht.

Ma Tzu war hochzufrieden und sprach: „Diese Pflaume ist gereift."

Der Stumme und der Papagei

Ein Mönch stellte einem Zen-Meister folgende Frage: „Wenn einer etwas verstanden hat, aber nicht darüber reden kann, wie würdest du den beschreiben?"

Der Meister antwortete: „Ein Stummer, der Honig isst."

Der Mönch fragte weiter: „Und wenn einer nichts erfahren hat, aber gut reden kann, was ist mit dem?"

Der Meister antwortete: „Ein Papagei, der menschliches Sprechen imitiert."

Der Mathematiker und der Zen-Meister

Ein Zen-Lehrer traf auf einen Mathematiker, der großes Interesse an östlicher Philosophie zeigte. Sie unterhielten sich ausführlich und der Zen-Lehrer erwähnte im Gespräch, dass viele Menschen sich beschwerten, wie schwierig die Koans seien. Außerdem wies er darauf hin, dass er vor allem Mühe habe, die Frage zu beantworten, was genau unter Zen zu verstehen sei.

„Das ist nicht so schwer zu verstehen", sagte der Mathematiker.

„Sind Sie in Ihrem Beruf auf ähnliche Schwierigkeiten gestoßen?", fragte der Zen-Lehrer.

„O ja!", antwortete der Mathematiker. „Die Mathematik gründet sich ja auf Beweisen und Definitionen. Je einfacher aber der zugrundeliegende Gedanke ist, desto schwieriger ist er zu erklären. So viele Wörterbücher man auch hinzuzieht – man bewegt sich bald im Kreise. Wer formuliert die erste Definition?"

Der Zen-Lehrer lachte: „Zen kann man anscheinend auch in der Mathematik finden!"

„Ganz gewiss", sagte der Mathematiker. „Alle Koans, die Sie mir bisher aufgegeben haben, hatten Eines gemeinsam – es gibt keine rationale Lösung. Vielleicht dienen sie einzig und allein dazu, zu demonstrieren, wie überflüssig es ist, über Offensichtliches zu sprechen."

„Ja, ganz so, wie die Frage des kleinen Fisches, der wissen will, was Wasser ist!", meinte der Zen-Lehrer.

Die Geschichte eines Reisenden

Eine Gruppe von Zen-Schülern besprach gerade eine alte, von Buddha erzählte Parabel. Hier ist die Geschichte:

Ein Reisender begegnete auf seinem Weg einem Tiger. Er rannte davon, aber der Tiger verfolgte ihn. Als er an einen Abgrund kam, ergriff er eine Liane und schwang sich über den Rand. Der Tiger schnüffelte von oben an ihm. Zitternd schaute der Mann hinab und sah unten einen zweiten Tiger, der schon darauf wartete, ihn zu verschlingen. Nur die Liane gab ihm Halt.

In der Zwischenzeit hatten eine schwarze und eine weiße Maus begonnen, an der Liane zu nagen. Da sah der Mann, der in der Luft hing, eine reife Erdbeere neben sich glänzen. Mit einer Hand hielt er sich an der Liane fest, mit der anderen pflückte er die Erdbeere. Welch ein Genuss!

„So viel Dummheit ist nicht zu fassen!", sagte ein Schüler. „Da schwebt der Mann in Lebensgefahr und hat nichts Besseres zu tun als ans Essen zu denken."

„Was hättest du an seiner Stelle anders gemacht?", widersprach ein anderer Schüler. „Er war doch auf jeden Fall verloren."

Als der Meister diese Diskussion hörte, rief er aus: „Der Weg, das Tao, ist wunderbar! Mitten in der Verzweiflung geht das Leben weiter. Selig sind die, die keine Hoffnung haben!"

Die Pfirsichblüte

Ein Mönch hatte lange Zeit Zen studiert und war dabei nicht vorangekommen. Dann aber sah er die wunderbare Blüte eines Pfirsichbaumes und erfuhr augenblicklich Erleuchtung. Seine Erfahrung hielt er in folgendem Gedicht fest:

Dreißig Jahre lang habe ich nach dem König
aller Schwerter gesucht.
Wie oft habe ich schon Frühling und Herbst
vorbeiziehen sehen?
Aber seit ich die Pfirsichblüte gesehen,
sind alle Zweifel von mir abgefallen.

Als ein Zen-Meister von diesem Gedicht hörte, äußerte er seine Zustimmung und sagte: „Dieser Mann ist wahrhaft erleuchtet. Er kann nicht mehr zurück. Ich hoffe nur, dass er seine Erleuchtung zu nutzen weiß."

Einer seiner Schüler begriff nicht und fragte: „Was genau ist diesem Mann klar geworden?"

Der Meister lachte herzlich und sagte: „Nichts! Er hält sich nur nicht mehr selbst zum Narren und fängt an, im Augenblick zu leben."

Per Anhalter durch die Galaxis

Ein Student an einer berühmten Universität hatte von der Weisheit eines Zen-Meisters gehört und wollte diese Weisheit auf die Probe stellen. Am folgenden Tag besuchte er einen Vortrag im Meditationszentrum des Meisters. Am Ende des Vortrags stellte er die Frage: „Meister, worin besteht der Sinn des Lebens?“

Die ganze Versammlung im Meditationssaal hielt den Atem an, denn dies ist ja eine der kniffligsten spirituellen Fragen. Alle warteten gespannt auf die Antwort des Meisters.

„Das ist eine ausgezeichnete und bedenkenswerte Frage“, sagte der Meister zu dem Besucher. „Darf ich daher einen Vorschlag machen? Statt eine übereilte Antwort zu geben, wollen wir alle über diese Frage nachdenken. Bis dahin können alle, die das Buch oder den Film *Per Anhalter durch die Galaxis* noch nicht kennen, sich den Film ansehen. Nächste Woche werden wir die Antwort auf die Frage besprechen.“

Die Gruppenteilnehmer konnten es nicht fassen: Da empfahl ihnen ihr Meister, einen Science-Fiction-Film anzusehen, um eine Antwort auf die tiefste aller spirituellen Fragen zu finden. Der Lehrer war aber für seine manchmal sehr eigenen Lehrmethoden bekannt und so nahmen sie es hin. Nach einer Woche traf sich die Gruppe wieder im Meditationssaal und auch der Besucher, der die bedeutsame Frage gestellt hatte, war wieder da. Der Meister fragte ihn mit listigem Lächeln: „Nun, was habt ihr herausgefunden?“

„Ich habe den Film gerade gesehen“, sagte der Besucher. „Ob die Antwort wohl 42 lautet?“ (Erläuterung des Autors: die Zahl 42 ist die Antwort, auf die der Supercomputer *Deep Thought* nach 75 000 Generationen währenden Berechnungen kommt.)

„Ja“, antwortete der Meister.

Unter der Zuhörerschaft entstand ein Tumult. Alle waren wie vor den Kopf geschlagen. Manche fanden die Antwort lächerlich, während andere sich weniger fein ausdrückten.

Der Meister lachte: „Ihr habt völlig Recht, das ist eine lächerliche Antwort. Aber ihr müsst auch begreifen, was an dieser Antwort so lächerlich ist. Das Lächerliche daran ist die Annahme, es gäbe *eine* Antwort, die für jeden gilt, unabhängig von seiner Erfahrung, seiner Kultur und seinen Lebensumständen. Das hieße doch, allen dasselbe Dogma überstülpen zu wollen."

„Und was sollen wir daraus lernen?", fragte der Besucher ungeduldig.

„Wie lautet denn der abschließende Kommentar von *Deep Thought*?", wollte der Meister wissen.

Der Besucher dachte kurz nach und antwortete: „Wenn man die eigentliche Frage kennt, kann man auch die Antwort darauf verstehen."

„Genau!", bemerkte der Meister.

Die Gruppe befiel ein lähmendes Schweigen, bis sich ein Schüler aufraffte und fragte: „Und was hat das mit Zen zu tun?"

Der Meister zwinkerte ihm zu: „Gibt es nicht den Zen-Spruch, der besagt, dass die Antwort in der Frage enthalten ist? Leider kann ich dir nicht sagen, was du für eine Frage stellen sollst. Das musst du schon selbst herausfinden."